# 心一堂術數古籍珍本叢刊

書名：批注地理四秘全書十二種（四）
系列：心一堂術數古籍珍本叢刊　第一輯　堪輿類　61
作者：【清】尹有本
主編、責任編輯：陳劍聰
心一堂術數古籍珍本叢刊編校小組：陳劍聰　素聞　梁松盛　鄒偉才　虛白盧主

出版：心一堂有限公司
通訊地址：香港九龍旺角彌敦道六一〇號荷李活商業中心十八樓〇五—〇六室
深港讀者服務中心·中國深圳市羅湖區立新路六號羅湖商業大厦負一層〇〇八室
電話號碼：(852)67150840
網址：publish.sunyata.cc
電郵：sunyatabook@gmail.com
網店：http://book.sunyata.cc
淘寶店地址：https://shop210782774.taobao.com
微店地址：https://weidian.com/s/1212826297
臉書：https://www.facebook.com/sunyatabook
讀者論壇：http://bbs.sunyata.cc/

版次：二零一五年五月初版
平裝：四冊不分售

定價：港幣　八百八十元正
　　　人民幣　八百八十元正
　　　新台幣　三千五百元正

國際書號：ISBN 978-988-8266-90-6



香港發行：香港聯合書刊物流有限公司
地址：香港新界大埔汀麗路36號中華商務印刷大厦3樓
電話號碼：(852)2150-2100
傳真號碼：(852)2407-3062
電郵：info@suplogistics.com.hk

台灣發行：秀威資訊科技股份有限公司
地址：台灣台北市內湖區瑞光路七十六巷六十五號一樓
電話號碼：+886-2-2796-3638
傳真號碼：+886-2-2796-1377
網絡書店：www.bodbooks.com.tw
台灣國家書店讀者服務中心：
地址：台灣台北市中山區松江路二〇九號一樓
電話號碼：+886-2-2518-0207
傳真號碼：+886-2-2518-0778
網絡書店：http://www.govbooks.com.tw

中國大陸發行　零售：深圳心一堂文化傳播有限公司
深圳地址：深圳市羅湖區立新路六號羅湖商業大厦負一層〇〇八室
電話號碼：(86)0755-82224934

心一堂微店二維碼

心一堂淘寶店二維碼

吉安尹一勺註

# 陽宅指南

嘉慶丁卯年鐫

陽宅指南

雲間蔣大鴻著

會稽張重明註

吉安尹一勺發義

天元歌。已有陽宅一篇。暢厥大旨。此卷作於甲子之冬。下元、更補廿年所未備。

世人不識重陽基。陽基效驗在須臾。死生貧富如操券。育子遷官貴及時。此是天元

真骨髓前賢寶惜未曾題若非世德膺天眷孰許輕洩談化機

第一要訣看宅命動處來虛實處靜空邊引氣實邊受命從來氣天然定

實處為宅身虛處為宅命空在何方即宅命在何方如七局兌方空即宅命佳兆方即宅身

一勺子曰此節以形勢合氣論

着眼

第二要訣看宅體。端正周方斯為美。前後修長離氣專。以坎宅言。若然偏濶分途軌。

一句子曰、此節專在看形勢。以分氣論。着有缺處。即變一卦。非本体之正卦矣。

第三要訣看坐。向。坎離震兌針尖土上得乘。正卦。合。天。心。干支雜亂生魔障。

正卦、如一局坎門。二局坤門。三局震門。四局、巽門。五局、俱吉。六局、乾門。七兌。八

着眼

艮九離門是也
一勺子曰平洋以門為重如一局得離
水開離門二局得艮水開艮門之類
第四要訣左右星地宜左右審虛盈以一
局坎言輔若虛時地元煞左輔空為上元
壬宅之煞弼虛二卦受災殃右弼空為坎
宅二運之煞一重輔弼一重禍若見重重
禍不輕有人識得弼星訣選宅安身事事

寧。

如坎宅乾為左輔，艮為右弼。一句子曰、山谷以輔弼高厚為福。平洋以輔弼有水為福。如北京之昆明，南京之後湖。俱在乾方可證。

第五開門引路訣

正卦裝門與偏洩，入門之卦宅元神。元神衰旺此中別，一門正卦煞無陂。前後門通兩卦接，更有旁門破卦

着眼

才戶　三

身。縱然旺氣非清潔。既有門時即有路。內路外路須無顧。路在生。方。致。百。祥。煞方引。路。多。災。禍。

如一局坎為生。二局坤為生之類。對宮為。煞。餘倣此。

一句子曰、煞宮能反生。氣。亦可開門。特不可有。內。路。恐修長。變。煞。耶生宮若返煞氣。卻不可開門最喜有內。路。修長變。成宅內以空僻。內路為重。宅外以大路。水嶠為尊。

生也。路門是生是煞。俱當活用。

重重門路入卧房。澄清生旺。保安康。宅中天井休寬曠。宅外四風不可當。暗煞比淌明煞猛。休言不見免凶殃。

一句子曰、重重門路。自生旺。引入卧房。雖處衰元之宅。能保安康。况得元乎。宅中天井。為天光落霧。最宜迎生。最怕趨煞。宅外四風凶。宜竹樹牆籬高屋。四風吉。宜橋梁牕軒門路暗煞是宅內。明煞是宅外。

添房動作禁秋毫。不在年神在卦爻。宅吉偶然。蕉。煞。依。傷丁破產不相饒。

煞位、如一、以九為煞。四以六為煞。七以三為煞之類。不可添房。

一勺子曰、添改拆卸。最宜審慎。煞方不可。動。作。一動作。即損丁。破財。吉方正宜。

動。作。大動。作。大。加。福。祿。且生方、喜折。鉞。以。迎。神。殺方、喜添。造。以。避。煞。尤當擇得其年神吉利用之。

層層進進說高低。莫誇福德與天醫。只要高。低。勻。且。稱。偏陂昂。陷。不。相。宜。

闕遊年卦例。高低層進之非。一句子曰、高低勻稱。宅形亦吉。偏陂昂陷。宅形亦凶。形家、先言形也。

細會

橋梁街市最喧闐。若在旺方反不嫌。能知
避。煞。迎。吉。法。轉咎為。祥。反。掌間。
如一局、乾離方為旺。二局、艮兌方為旺。
此旺方。同。水。龍。非一局。坎。之。為旺。
一句子曰、此艮註意。張氏故作反筆。玩
下文。不是水神排綴訣。蓋橋梁街市氣
尤百倍。何不云一局坤震方為旺。二局
震巽方為旺。之直捷易曉與。

通者、曉也。欲人通其理也。不然、則閉理宜通。便講不下去矣。

一空三閉是豪家。三空一閉亂如麻。若通空理求閉法。立地珎珠滿廩車。

一句子曰、一空三閉。空即生。加三空一閉。閉即生方。若三空得生旺。一閉在死煞。則三空一閉。眞豪家。空理宜通。以迎吉。閉理宜通。以避凶。

此是閭閻排卦法。不是水神排煞訣。

陽宅、以浮氣為主。

一句子曰、此是閶闔排卦法。以收氣言。

蓋此篇、不言收水也。

若逢收水又不同。宅氣還憑氣水接宅形寬大好吞波。收拾水神無漏洩。

一句子曰、有水處、以收水為重。無水處。以收氣為的。宅形寬大好吞波。言大宅能收大水也。

水鄉山國立家園。氣脉宜分山水論。倘合

天元無上義予孫奕世厥高門。

一句予曰、水鄉山國。截然不同。有山處用山。有水處収水。山上龍神不下水。水裡龍神不上山也。

傍城亚局法

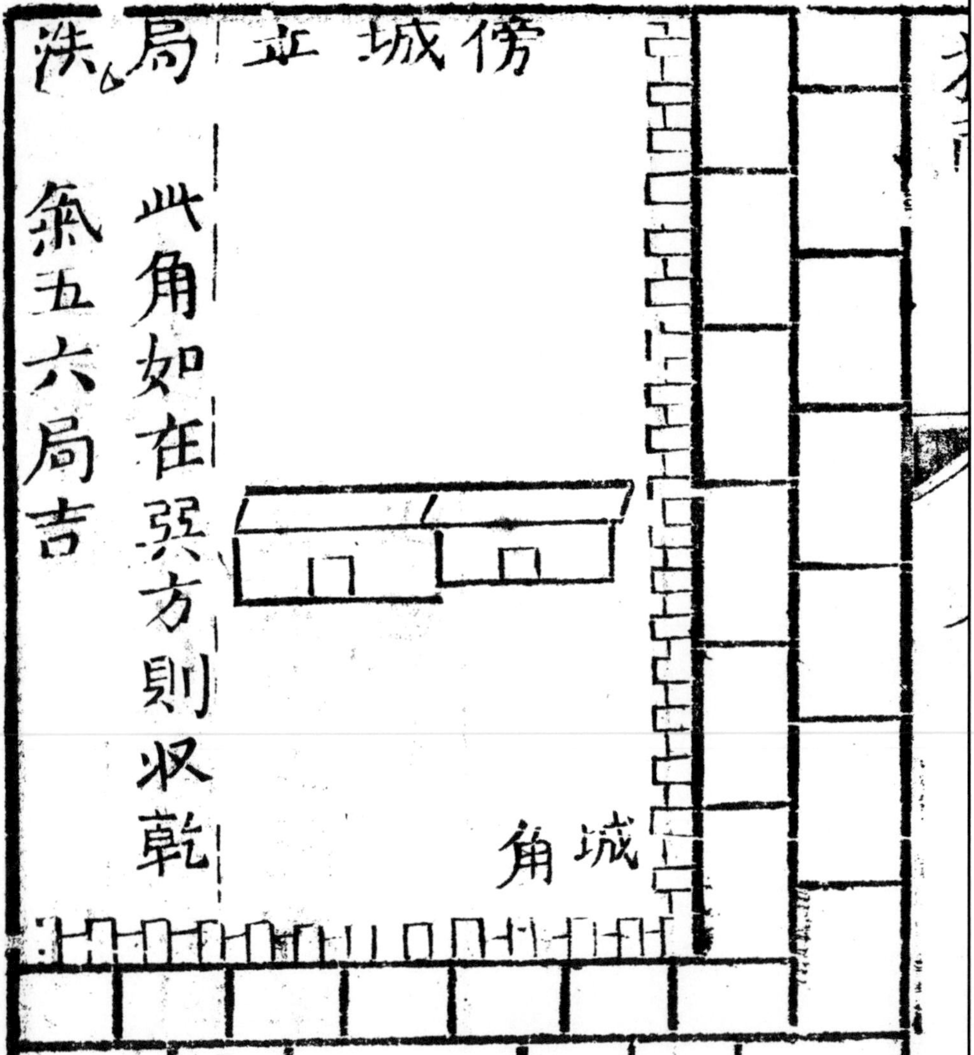


此角如在巽方則坎乾氣五六局吉

如在坤方則坎艮氣七八局吉

歌曰曲尺城垣密封封。西南坤際不通風。住宅正當坤角上。氣鍾八白下元隆。一句子曰城角霎宜高、方能迴艮氣。若低於宅、舍、則不能迴。又要來氣方、房屋疊疊自高而下歸結到宅。派迴之風氣力尤備

## 傍隣借氣法

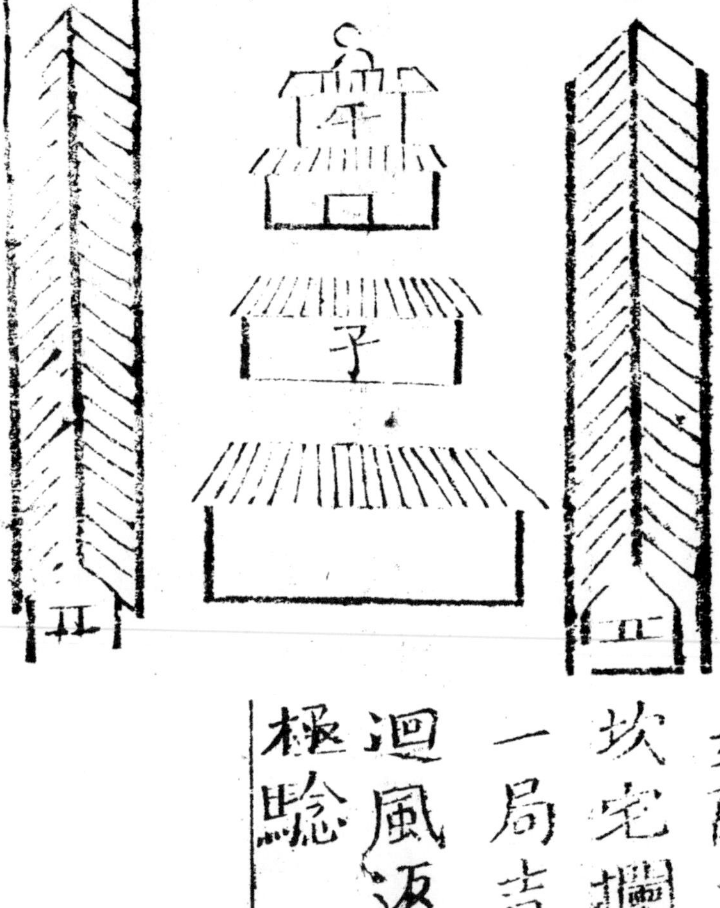


如離方高樓住坎宅攔住坎氣一局吉迴風返氣此法極驗

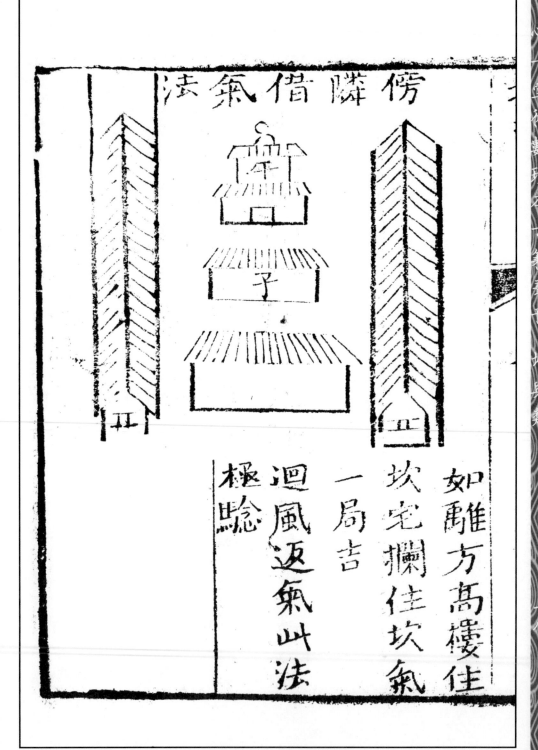

歌曰一帶高樓壓在離。人言藏塞太陽微誰知坎氣攔當是。一白元中作旺推。一句了曰、此城市一片范范之所。要在或高、或低、霧見精神。如欲受子氣。仵方有高樓。則坎。氣。止。雖氣。不。來。若在山。谷。之。中。局勢。際。則又別。論。

此樓如在坤方則收艮氣下元七八局吉

歌曰、西南隣宅有高樓。崇彼低房艮氣收。此宅偏宜下元運。安居、樂業日休休。

一句子曰迴風返氣以高樓在四。五。七。塔
之。內。言。若遠出百步之外。則所迴之。風。已
變。化。成本。方之。氣。知。吉凶迴別。當通融收
之。

## 路衢論氣法

此路直過。無動情。不關係禍福。

歌曰、街衢直過兩頭平。雖見喧鬨不動情。此局無從關禍福。更尋別雾去題名。

大路直過

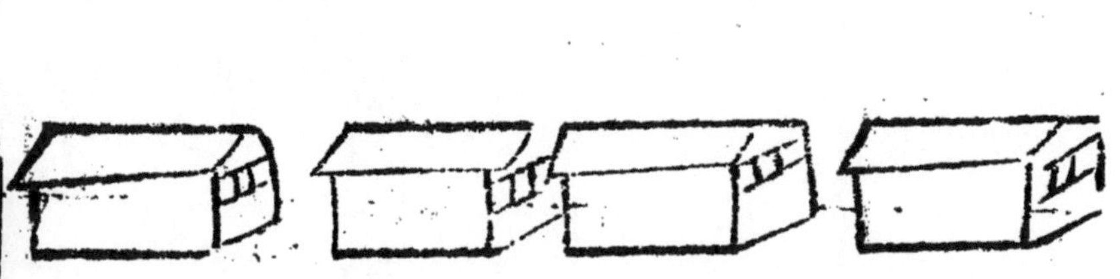

一勺子曰吉凶悔吝生乎動動則吉凶見。山水路舍。總皆一體。此言橫路直過。不關禍福。其屋舍亦必一排直過。方準。若屋舍或出。幾彎。則橫路。已。屬動。機。屋廬或。遇幾彎。則橫路。亦非。靜。体。要在人用之何如耳。

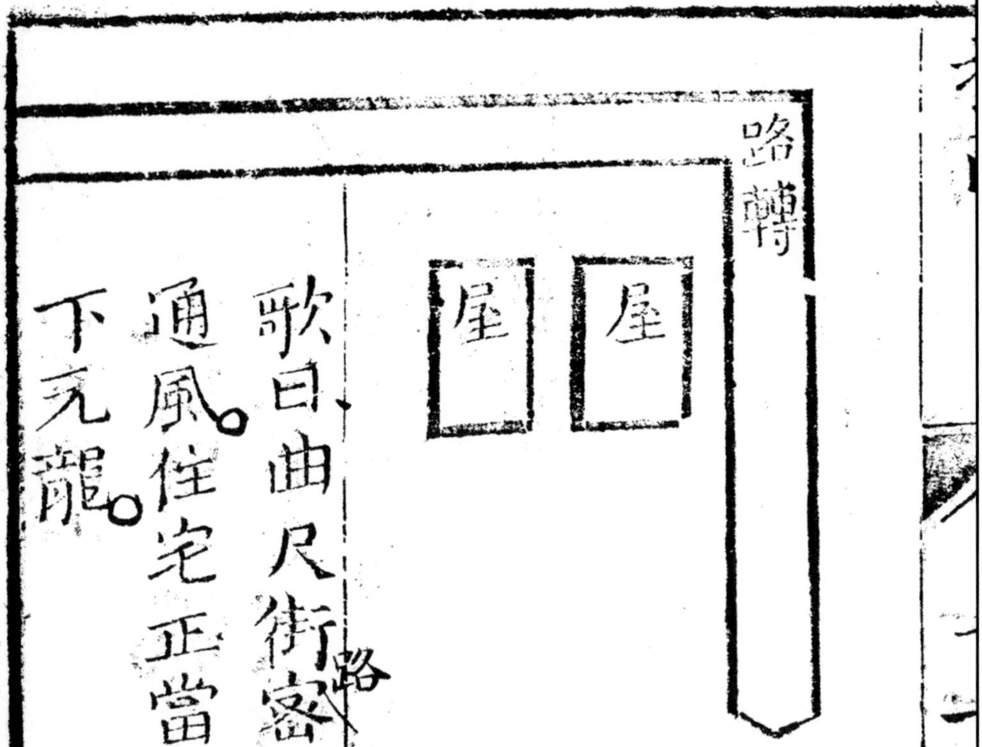


此角如在坤方。收住艮氣、居佳、亦在坤角。七八局吉。

歌曰、曲尺街路密密封。西南缺紫不通風。住宅正當坤角上。氣鍾八白下无龍。

細看

一勺子曰路在坤角收住艮氣惟坤角臨逕。艮氣方能收得住。若坤角寬濶。或開叉路。則坤氣來。艮氣往。當仔細察認。方見真實。毋僅按圖索驥。

此街在坤則二吉

若將此二街口比水。則一利六白。一利八白。覆看舊宅、則知矣。依去。比。水。高來。比。山。

此街在巽則凶。

大概房地。高一寸、即山。低一寸即水。街道同斷。

一句子曰稍帶灣曲便屬動作吉凶見焉。
禍福係焉。

開門引氣法。

此局巽坤開。離方開。下元九局吉。

歌曰、

朝南之宅正門開。
此是離宮紫氣來。
宅深七赤元中旺。
房淺中門未足胎。

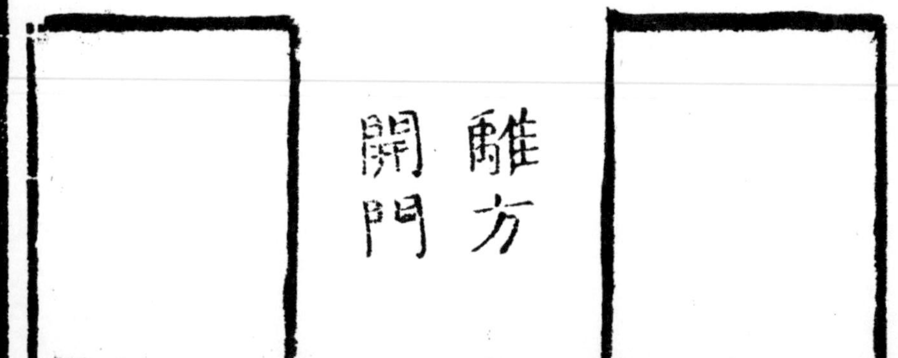

一句子曰六運屯余見人開離方引氣而不知與。方知來。長。離方。略。塞。與氣。遇。空。而八山貧賤可憐。閨門醜穢。彼乃反以知氣自詡。蓋亦死守畫圖耳。業此道者。安可不精究與。

凡門總要開旺方。如下元之六七八九、方。皆在旺方。若臨水則又要開衰方。如下元之一二三四方。皆衰門也。蓋水能界氣。又須在水之大小遠近分別之。不可執一。故云水開旺。有水開衰。亦是活法。

離宅垂
重圍住。
獨坤方
開口。上
元二局。

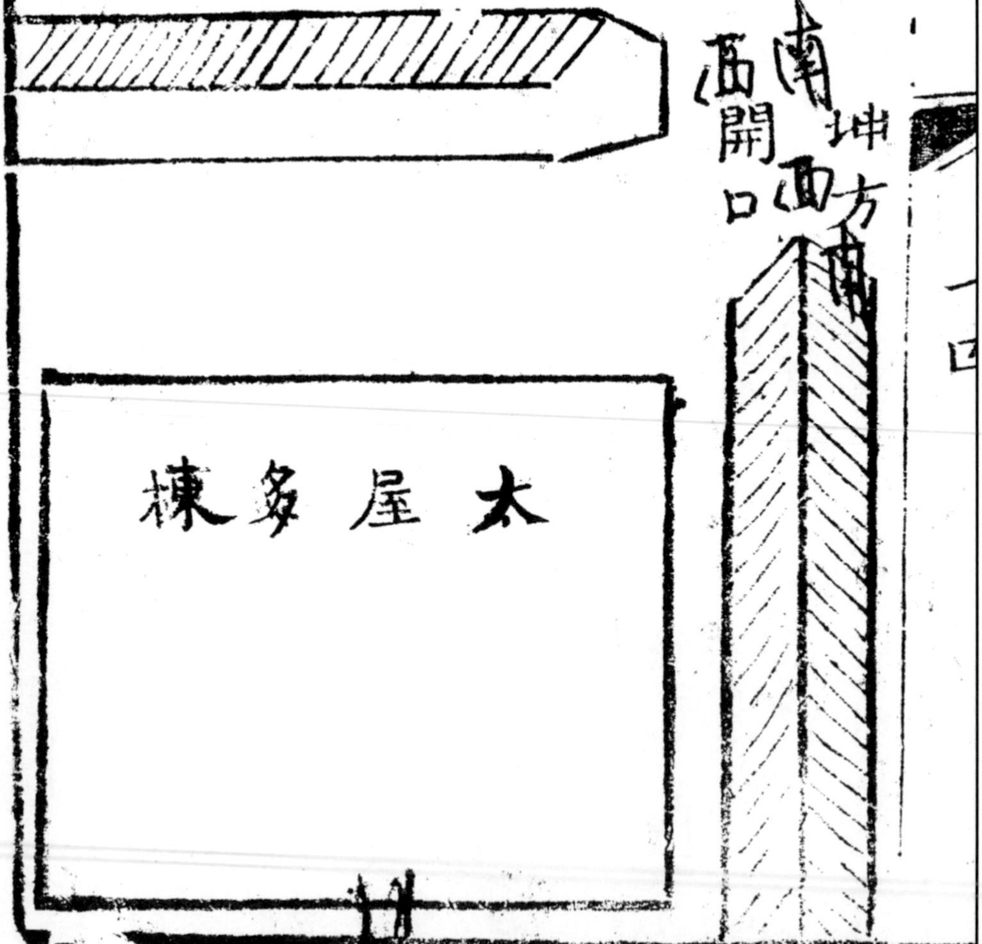

歌曰前門坤住後門坎兩氣俱從一氣轉。
上中鼎盛不須言。行到下元留一半。
一句子曰、口開、外要有昂拜氣來。力是以
膝內氣之離空方為有力。

東南角收巽氣。東北角收艮氣。若門路引來。四局八局吉。

歌曰比屋連牆大宅通。或居曠野或城中。八方若有分風路。須

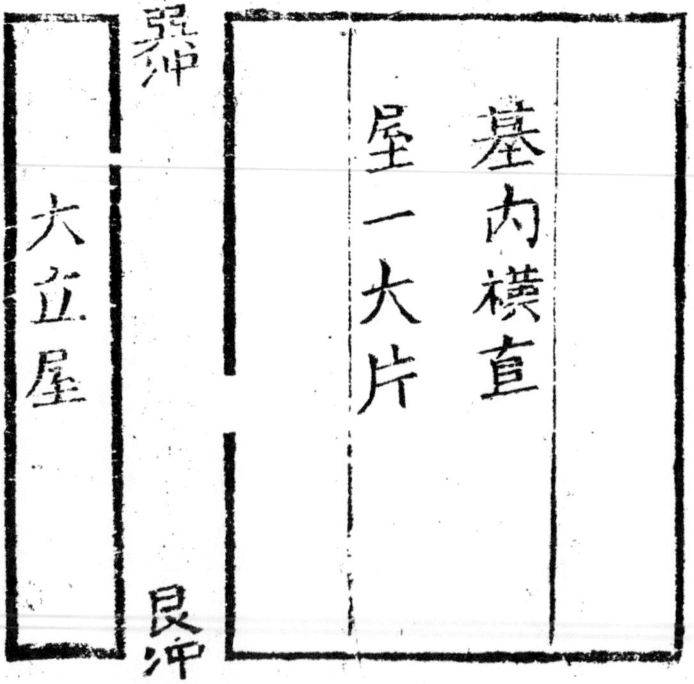

向三元細覓踪。掛角東南風要巽。居於東北艮風冲。再將門路來相引。參錯毛釐辨吉凶。

一勺子曰、巽角艮角之外。要寬。嚴。又屬乘。氣。方。如若隳、狹。又或是去、氣、當分辨吉凶。理。氣。以形。勢。為準。也。

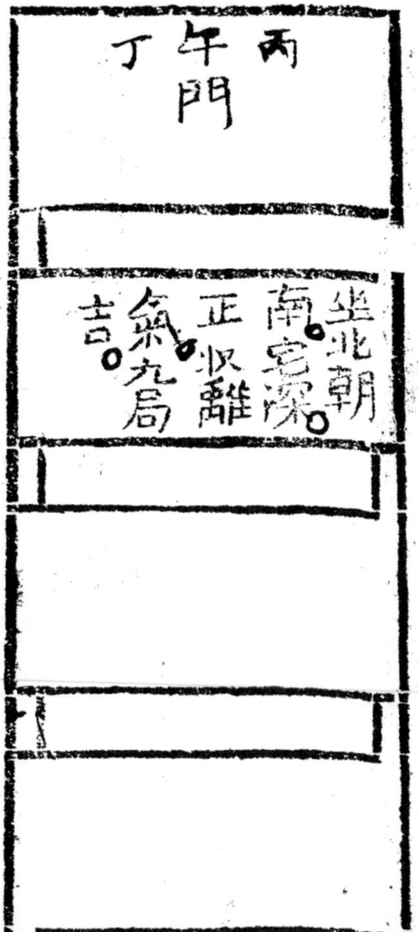


歌曰、一宅脩長正向南。兩門前後對相穿。只看內房何處住。三元衰旺有多般。房居前帶與中上。後帶為房利下元。此是移宫變氣法。逐元移住始安然。

一勺子曰、凡屬長宅住前則後氣到住後
則前氣受住中、兩氣俱到吉凶參半或局
内局外有破地及有歪斜破、缺、則局變

此宅兩三進。有六七間開濶。宅淺形侵是震兌之形。雖開離門。而室內、在左兼坤氣。在右兼巽氣。下元似可平穩。不能發福。

住右、四局好。

住左、二局好。

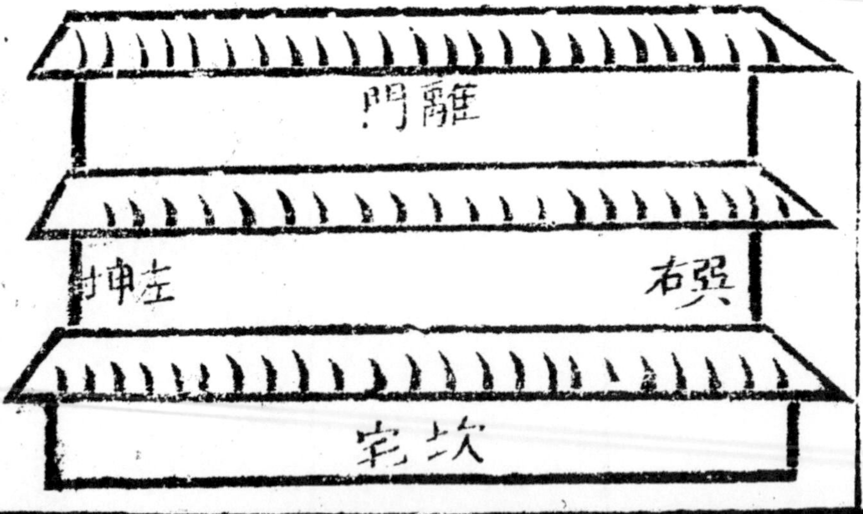

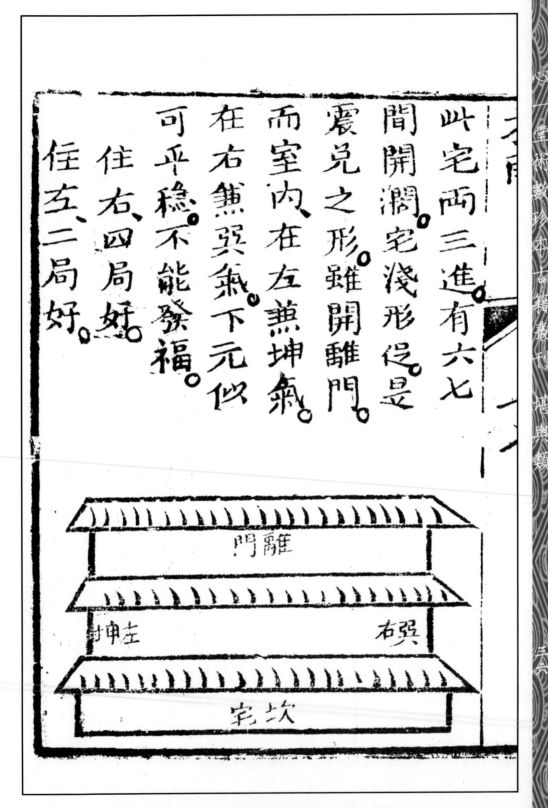

一句子曰此宅若翻看開坎門則室內。係左、兼艮氣在右、兼乾氣下元大發。然亦總要合。內。外。氣論之。毋僅拘室內以、定吉凶也。但取引室內。亦是一法。

離中道路。直引離氣到寢室。九局全旺之格。

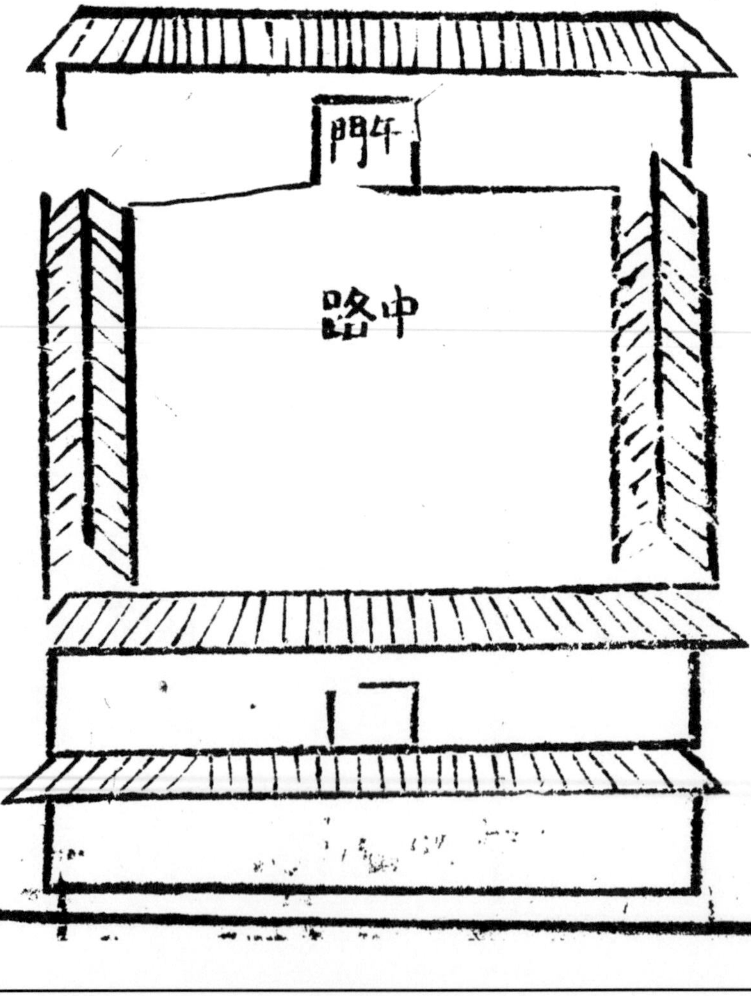

歌曰離門中道路重重直引離風到寢宮
此宅下元多旺氣更無瑕疵損春容
一句子曰全旺之格在下元之要宅後不
空或有水無坎氣到更美

正門、離路。偏東、
受巽氣。中元雖
旺。女人多病。以
午門、故主女病。
若當旺運。則吉。

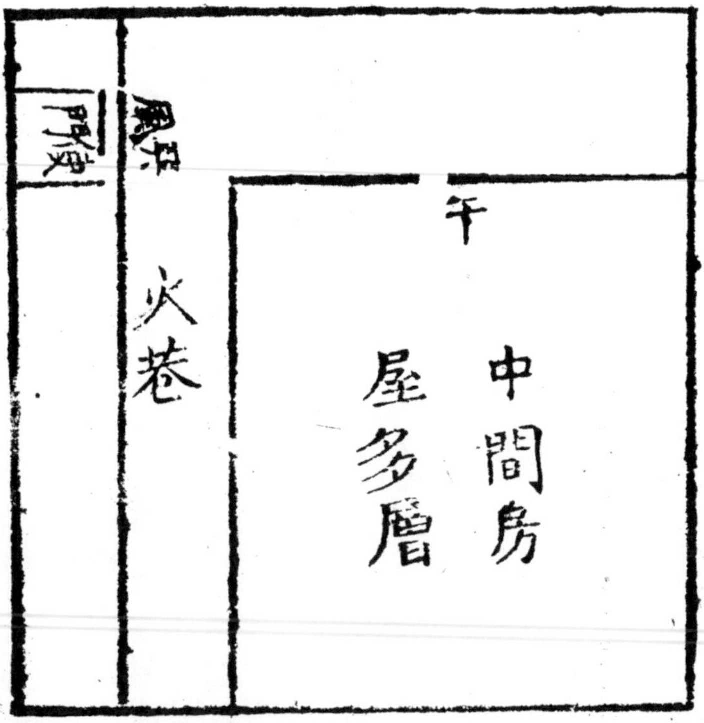

一勺子曰巽風吹入沖離宮。女伴情郎差
阡陌。此宅女人只有此病。中元有之。下元
則長中二媳。并室女如花。俱皆有此病。又
甚焉。一笑。

離門、左右兩路。引離風。只要宅深收氣。下元九局發。

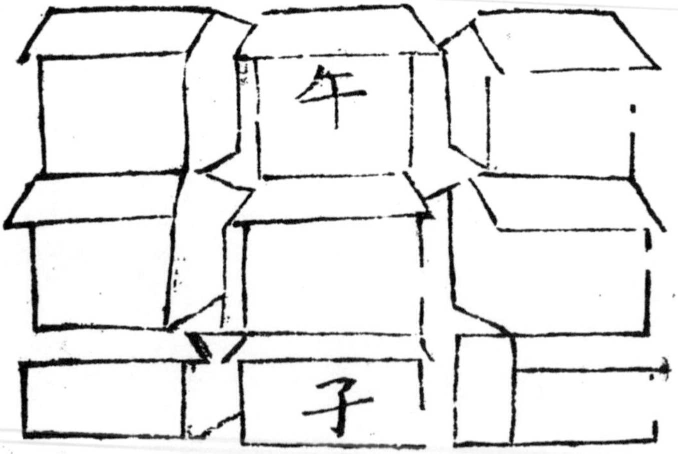

一句子曰。此局是三元不敗之格。
歌曰。離門兩路夾東西。並引離風兩不倚。只要
宅深收氣足。下元宅此發無疑。

宅向坤。開離門。只要宅。旋受離氣。若深奧便雜坤氣矣。

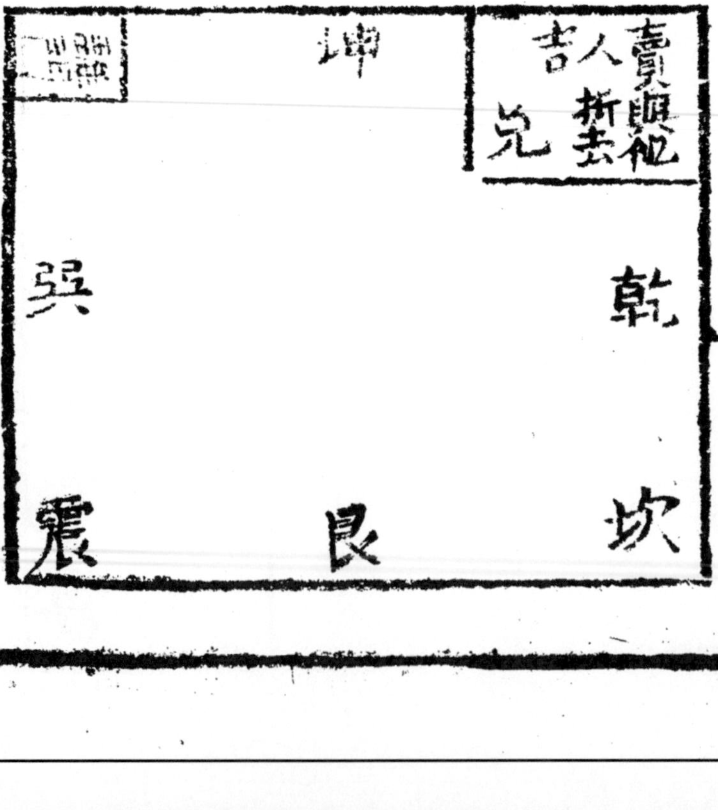

一勺子曰開門引氣之法於宅深宅淺宅方宅缺宅匾宅長宅等局精細審察如此宅招皆開離門乃得離氣若宅深長雖開離門亦變成坤氣折去兌方得局合元下元大發

雖亦坤向雖門。畢竟宅深坤氣。

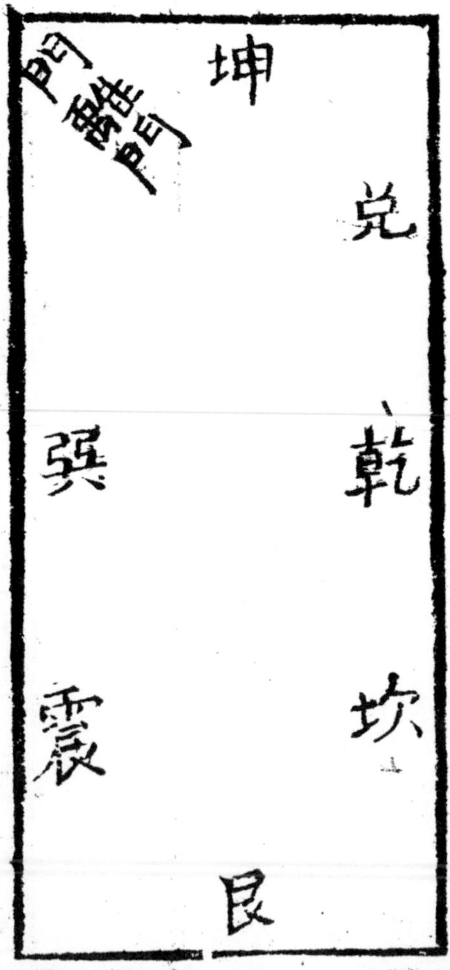


下元只許平穩。終雖發福。路走左猶可。走右全非。走左震巽也。

一勺子曰、此宅長。於下元應走乾方門。上

元應走巽方坤方門。若下元走離兌門。終屬坤氣。上元走坎震門。總屬艮氣不發。

乾巽屋。門開午方。宅形方。九運發。七運發。若深奧、便雜。

巽氣。宅要方、便収得離氣。如開卯門大凶。

| | | |
|---|---|---|
| 卯 | 巽 | 午門 |
| 艮 | | 坤 |
| 坎 | 乾 | 兌 |

一勺子曰、開門収氣。惟看宅形。方深淺促。外敞。氣厚。則氣至。不變。若外窄宅長。則氣

入堂戶變成本宮矣。然此卷圖字只講氣而未及開門引水之法。

添造修方歌曰。修方起造係安危。本宅隣居一例推。動着旺方能驟發。衰方有碍甚堪悲。大歲煞方俱不論。三元局裏看從違。

假如驟上添新屋。中元陰起下元頹。葺得低平猶略可。若然高大化為灰。

此宅深長。終得巽氣。午門氣偏。下元、不能大旺。走右路猶可。走左路全非。右路坤兑也。

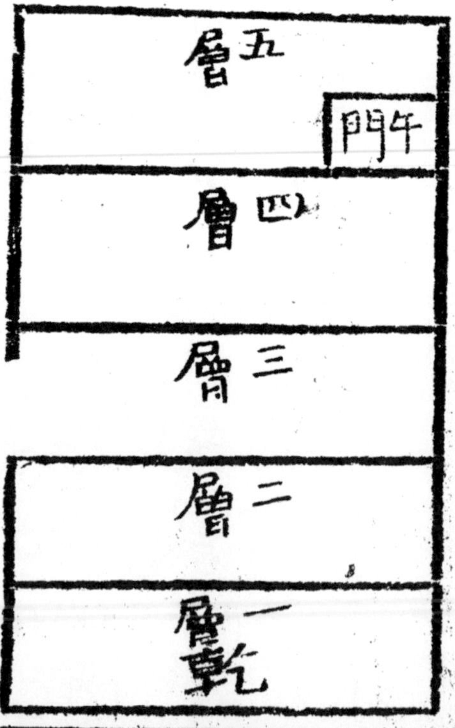


添房歌曰舊宅居西新宅東。莫云高價起有龍。上元喜得添祥瑞。七兑元中癸咎逢。

舊宅居東新宅西莫言白虎之災危。中元首運多虧失。七赤興工慶有餘。上元坎氣正興隆。宅後高樓起數重。此是本宮添一白。愈高愈發福無窮。乾上他家簷畫棟。天門高起現禎祥。誰知宅內連連泣。七赤元中犯煞方。坤水門前旺下元。偶嫶屋舊整新椽。飛災忽到平安宅。只為修坤煞氣纏。

前門坤、後門坎。同屬上元。兩氣無收。上中俱吉。下元減半。

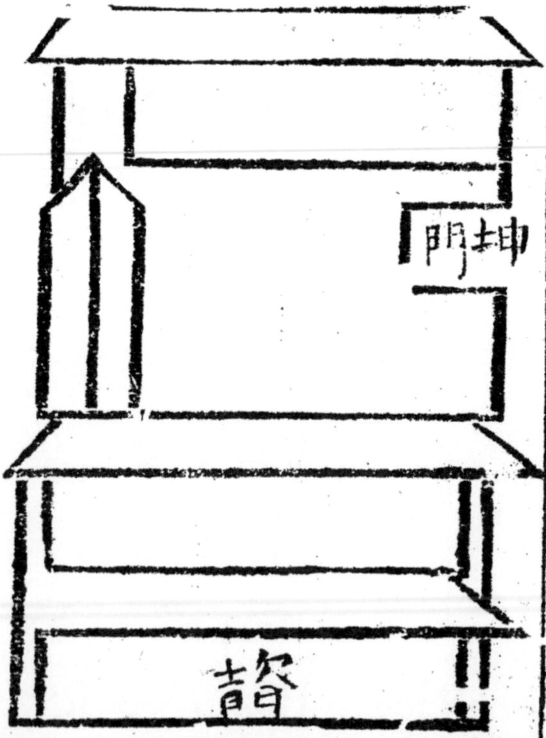


歌曰、朝北之宅兌氣清。如何下元亦不興。只緣內房都在坎。門無坤氣不分明。

一句子曰、坤坎二氣。上元本吉。中元亦利。

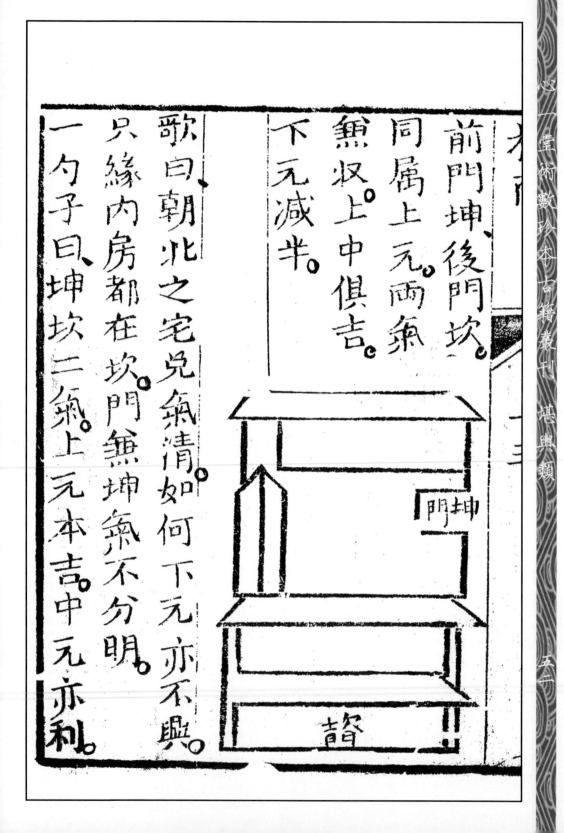

以五黄運內得坎坤氣為五黄正位也再得乾巽兩催則中元之旺力過上元矣至下元則不能發

正門離。便門卯。上元下元不同。分房有起倒。一發一敗。一盛一衰。

歌曰、共宅同門各爨烟。一林荆桂各時鮮。只緣門路宮宮變。莫說青囊理數偏。長房居中離氣正。下元方得喜便便。次房

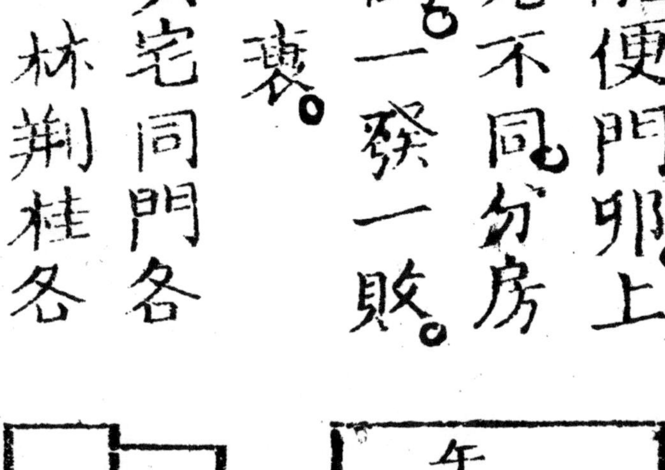

變坤一白發。季房變巽發中元。八宮依此論衰旺。此訣分房永不傳。

一句子曰、此宅、下元八運九運。上元三運俱應大發。無凶。宮宮變處。以火巷編長辨之。

前門離。後門艮。俱是下運。中元不利。

歌曰。前門離位後門艮。後兩氣俱從七赤進。下元無數錦添花。行到上中君莫問。

一勺子日中元六運內廿年最好然亦無定格。

嶠星撓風法。

歌曰、宅內高房名嶠星。撓攔風氣下門遮。若攀旺氣隆隆起。煞氣来時一旦傾。

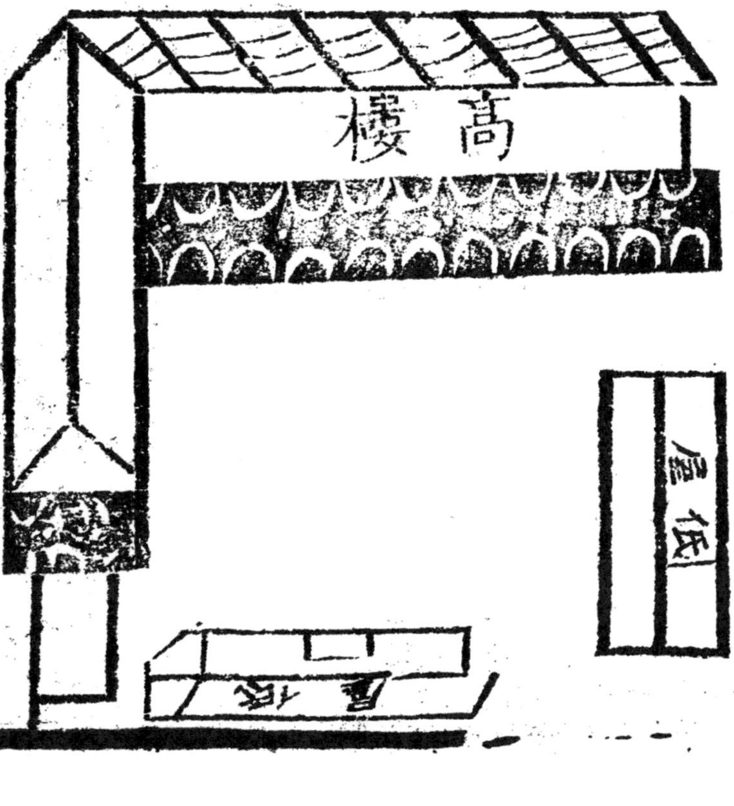

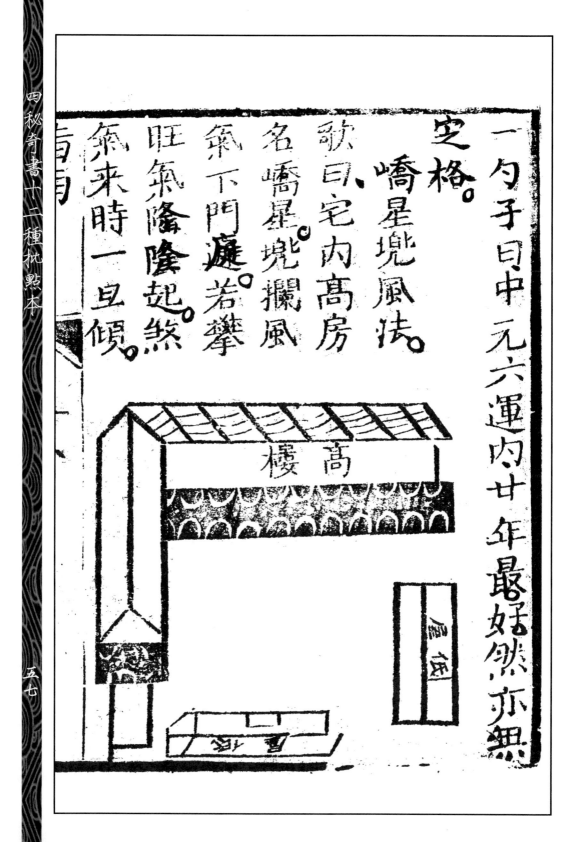

二歌俱講嶠星兜風法

東南雙高拱乾風。此宅中元瑞氣濃。一入下元多落魄。錦衣公子去傭工。

三方嶠屋、坎低陷。歌曰、三面嶠星插漢青。尺餘坎方是低平。此風入宅元元旺。造宅偏宜致此形。

此宅修長。前門離。後門艮。只要看內房。

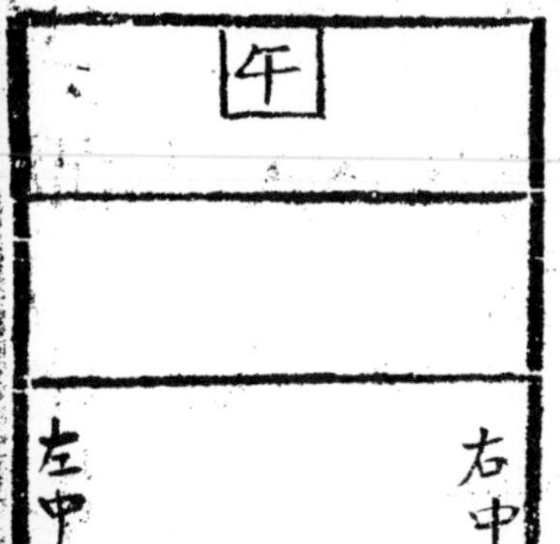

何處佳。若居左邊三吉。住右邊四吉。住後帶八吉。內房住地。以此為斷。始得要協。
一夕子曰。宅舍脩長。住後離氣多。住前坎氣多。惟後屋之右一二間。方得艮氣。住左中。得氣坤。右中得氣巽。若在後左後右。必不得巽坤之氣矣。

下元、開坤門。此宅本不合元。然亦無災者。用東西寬廠。煞氣綿長。變為吉氣。

一句子曰、下元東煞變為吉氣者。是有東氣來。不開門以迎之。西屋山尖。都層疊遠列。歸結到。宅。更空地。寬。濶。有節餘。步。西氣到坤

門。則煞變為吉。此等活動法子。務宜精詳審慎。離向。又開艮門。下元當發而不發者。以東地寬廠深興。門變甲方。故困而不發。歌曰。東西分明門在艮。如何下元終不應。只緣此宅東西深。門變甲方常守困。

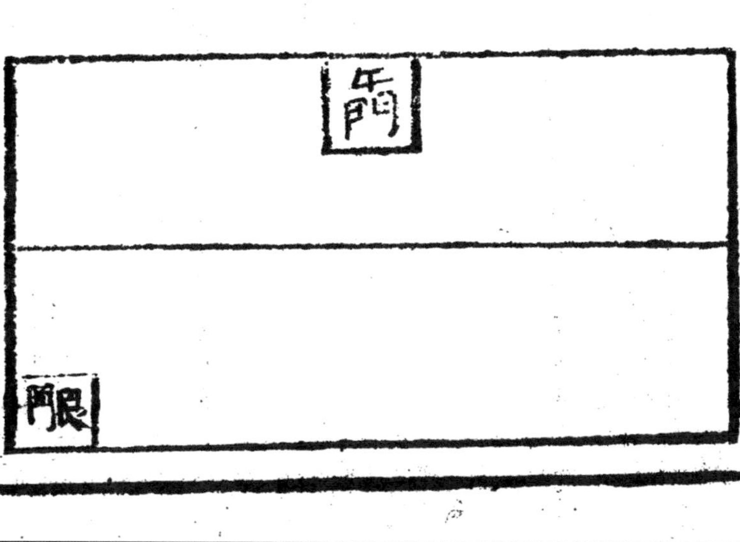

一句子曰、因東氣來大。雖開艮門。實受卯氣也。

離向兌門。下元如何不發。因卧房俱在後左。則坤氣長深。

一句子曰、後左之房受坤。後右之房受癸。下元俱不利。惟

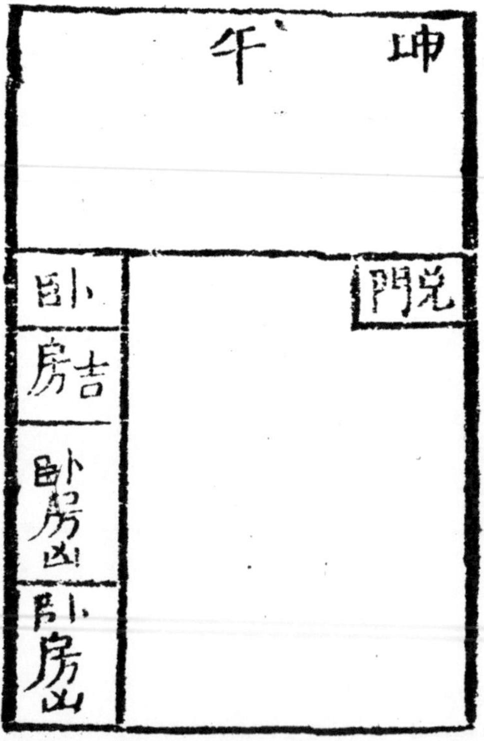

中房受兌吉。後房收離吉。又要看門路。

此宅坐震向兌。開兌門。兌氣清潔。比上无更高。七赤大發。

歌曰、一樣兌門宅正方。如何此宅比人強。

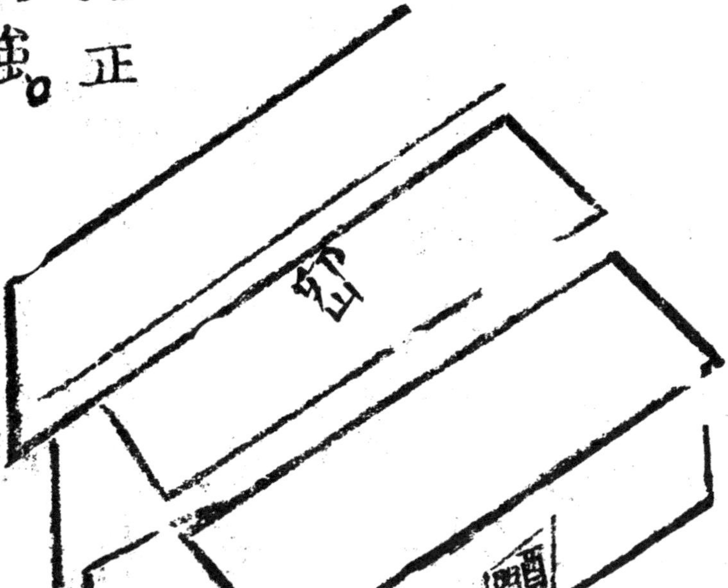

只為面西房在震。兌風潔清少參商。
一分子曰、宅前左角。坤方。地寬。或有水。則兌。氣。清。若開厰、無水。則雜矣。又或宅長。兩邊窄。則兌氣亦清。
此宅坐震向兌。兩邊寬長。雜乾坤二氣。當七赤運內。必定分房。偏左偏右。有吉有凶。

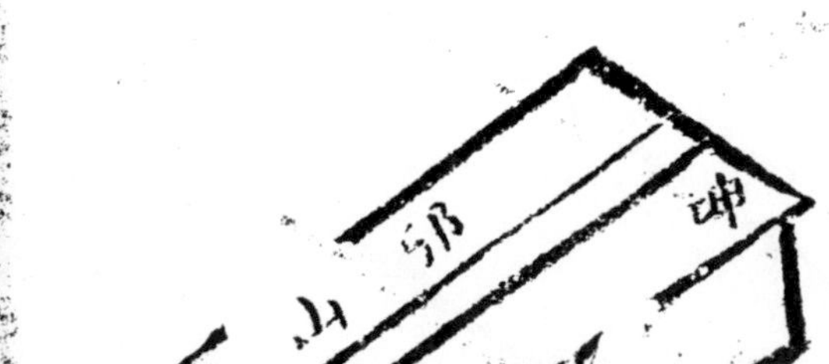

一句子曰此局宜於坤地鑿池變成吉宅
坐北朝南。開兌門東
西寬濶。內屋受兌氣。
下元、七運吉。
一句子曰、東西寬濶。
法宜開東。開西。七運。
方。發。然而止發丁財。
不發大貴。

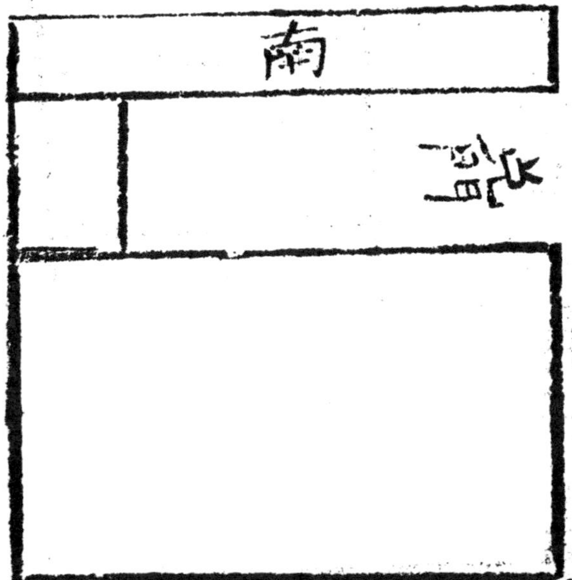

離門。乾方拖一腳。變成巽氣。下元住乾方凶。上元乾方吉。七兌大凶。九局、住正房大發。　按此巽坤氣。下元八運凶。

歌曰、離宅修長、開正門。下元居此、有愁煩。只為乾方拖一腳。變成巽氣起攀援。內房

居艮方合發。若住乾濕淚痕房。
一勺子曰、此局左角艮房、得坤氣。右角乾房、得巽氣。下元大凶。宜住修長雾。午方正宅之前中二層。開兌門、得兌氣。大吉。
兌形長。中元不利。東邊伸一脚。變成乾氣。内房居巽。六局大發丁財。

一勺子曰、屋本中元不利。因内房住卧之美。便發丁財。可知人生。卧。房之要緊。

艮宅、坤門。下元本不利。喜劃去兌方。變成離宅。受兌氣。下元大發。

一勺子曰、此宅離方長。兌方缺。將坤氣化盡。止見兌空飛來。故佳。

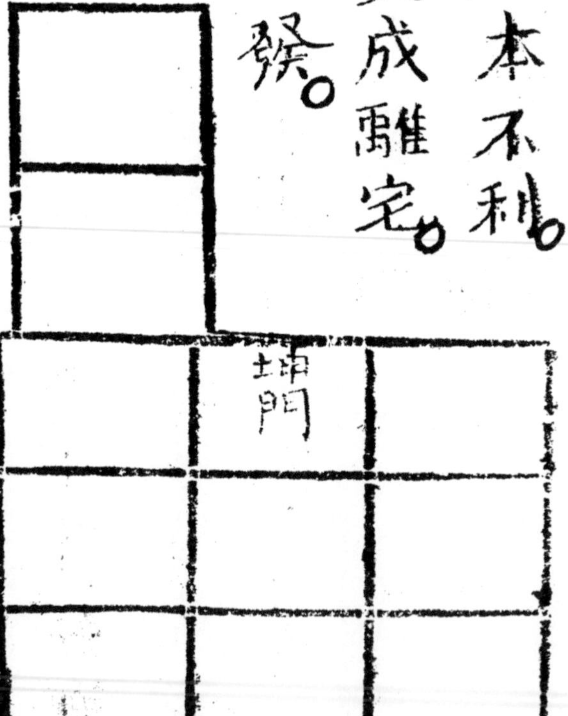

此宅中元不利喜折去乾方。上凹風入。得以變福。若形局長。則乾方之凹變人坎矣。伸脚變恩為仇。大凶。

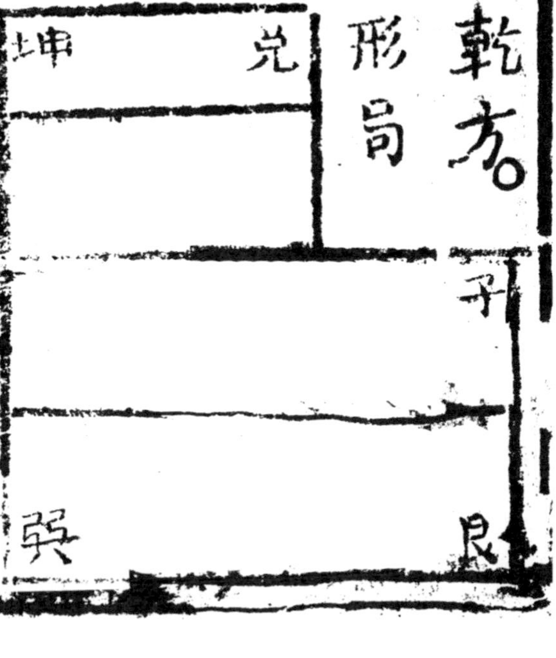


一句子曰、方樣正排。恰缺乾方。若坤脚稍長。則乾缺變作坎凹矣。作法之妙。握造化奪神功。宜哉。

此圖以七運論分房吉凶。宅坐坎向離。若上中二元，則又变氣。元運輪轉，本是隨元運以斷吉凶，業此道者，可以隅反。

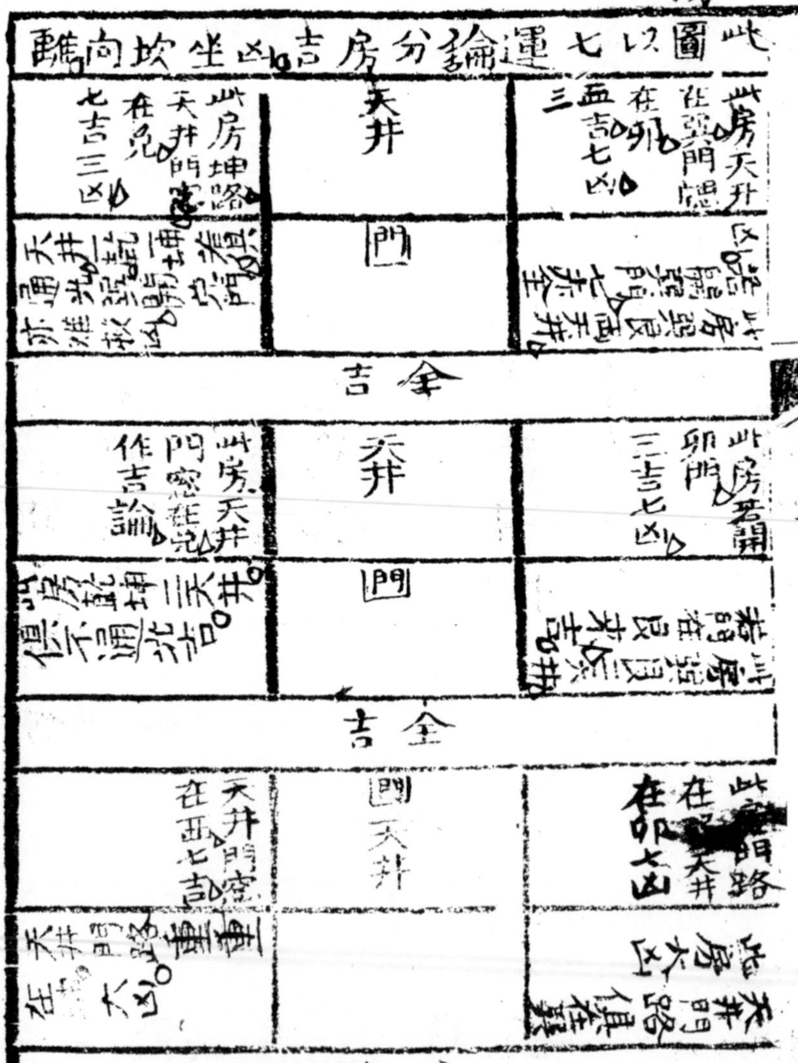

歌曰宅門只把正門量僕妾兒孫各有房一步一星隨地變門窗衢路亦推詳天光落處皆春色此事精微莫顯揚一路之中災福異管生管死在微茫

一句子曰堂內分房總以天光落處皆春色為定評若不見天光則無氣到一見天光落在何方則以何方為斷故牆空屋缺門路窗戶皆以天光落處驗之

居中者、發下元、變坤者、發上元、變巽者、發中元、此八宮分房之訣、餘倣此。

二句子曰、論元發達之房、以此為準、要皆以門路、臥榻、能迎接乃吉。

| | | |
|---|---|---|
| | 午門 | |
| 左坤 | | 右巽 |
| 住左作坤論 | 居中受午氣 | 住右作巽論 |

一直正巳門居右、正巽氣。居左、正離氣。四局發貴。九局發財。一交下元。吉凶參半。豫先趨避、吉。一勺子曰、凡屋之下人。地。二。卦。分房。收氣。準此。

| | | |
|---|---|---|
| | 巳門 | |
| 正午氣 | | 正巽氣 |

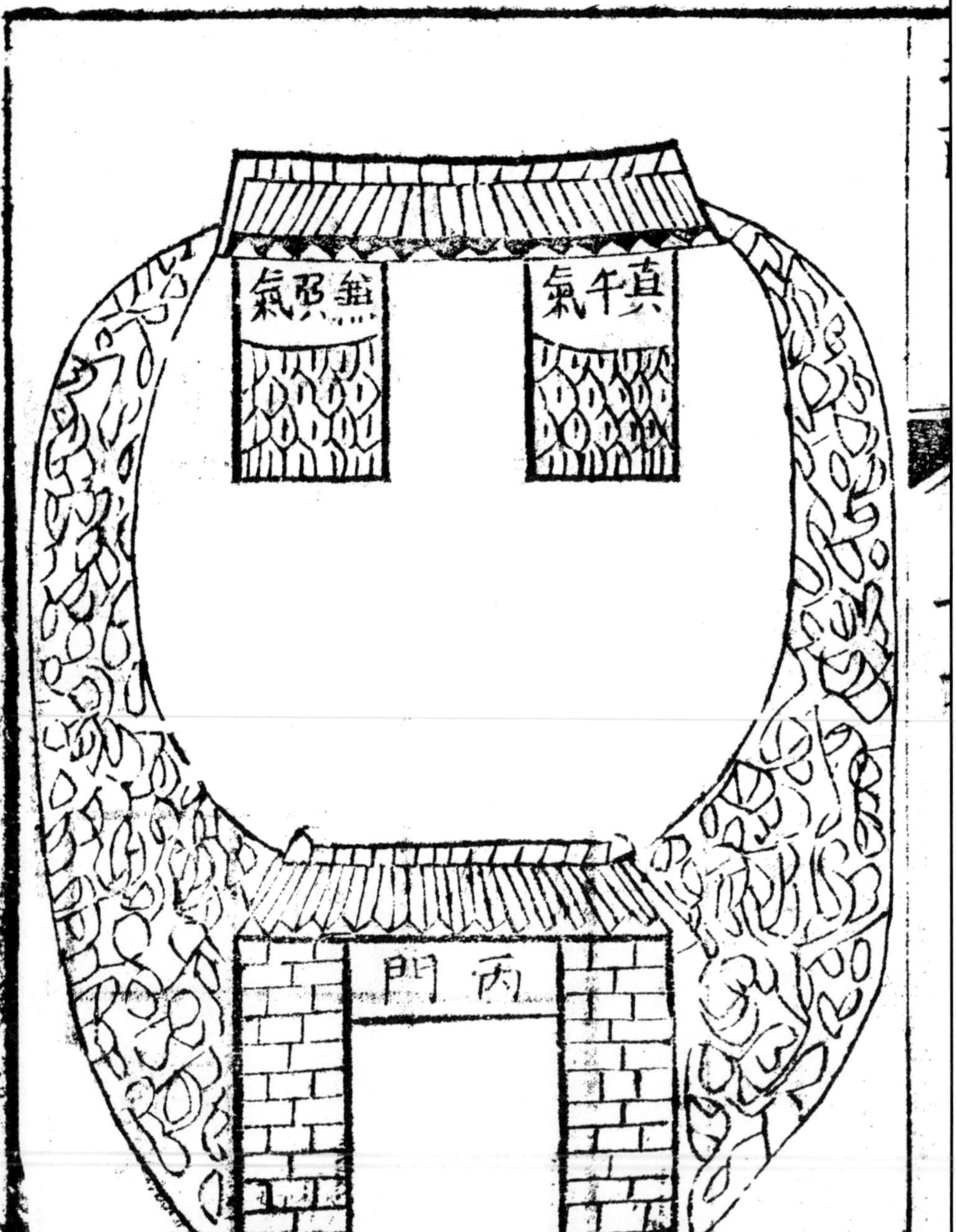
無巽氣
真午氣
丙門

壬山丙向。宅內宜分左右。巽離若混。便不准。一一四九吉。

一勺壬曰、丙門、左角巽巳。射入右房。右角午丁。射入左房。故左房注真午氣。右房注無巽氣。

巽方高樓
丙子曰巽
方高樓峯
為此屋而
設此正屋
也或伴隣
借氣亦可

巽方高樓。収納乾氣。六白值運吉。一交下元。則不吉。巽方之樓。與住屋高低相似。亦必離遠為妙。若逼近卧房。則不吉矣。

三面高樓。只餘北方低平。坎風吹入。元无俱旺。造屋、宜倣此形。上中大吉。四五七俱大吉。

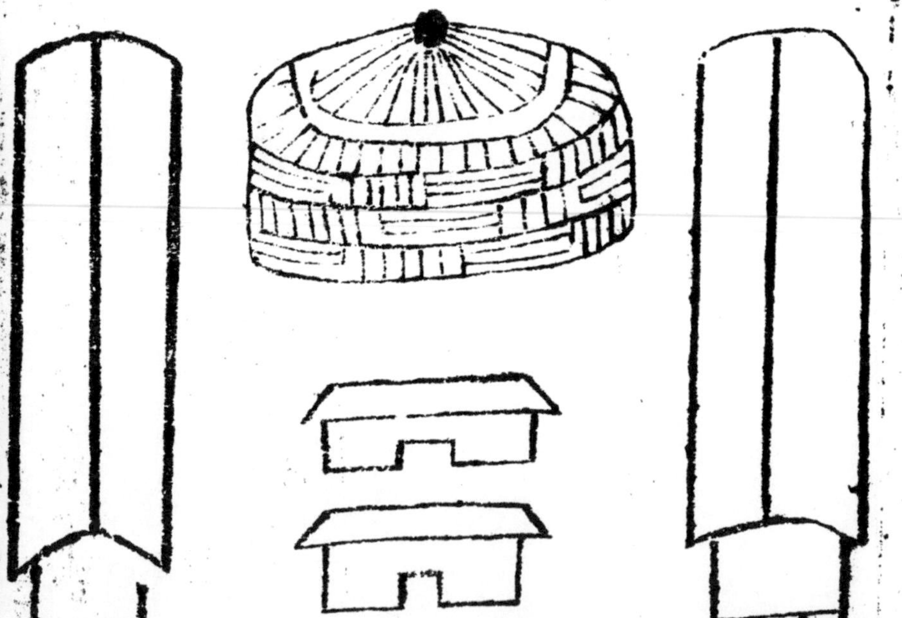

○○○

此言修造雖宜在本元方。然不宜太高。以致修成之房。反迴煞氣也。

得運之方。宜起造。然亦不宜。太高。高則迴。煞氣。反致大。凶。如一局。坎方得運。造屋。是也。如巽方起屋。中元吉。下元。衰。低平。猶可。高大。便。迴。煞氣。

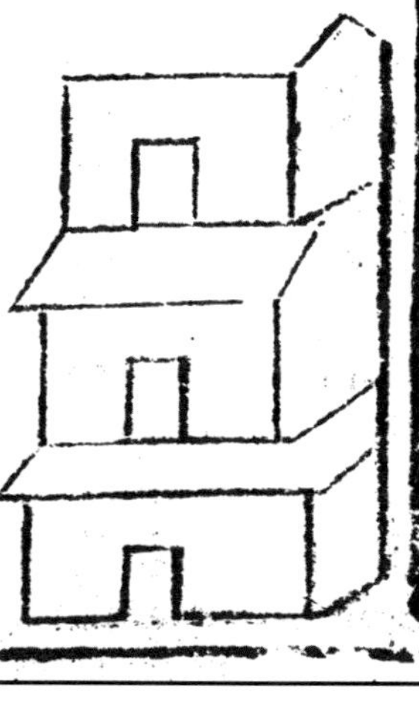

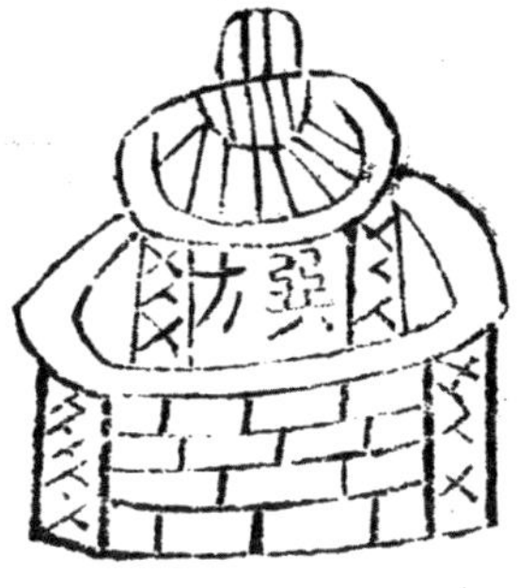


在巽方。四局吉。若高則的煞當令逞威矣。故凶。

旺方、宜修造。不可太高。高、則迴煞氣。此局云、下元修着旺龍頭。與迴風返氣說、不合。姑存之、以備考。下元、離是納煞。此以為生、終屬凶。一句子曰、離高坎低者。離實。坎虛也。是坎

氣到故云下元的煞但雖方高樓之背壘壘自高而下卸入高樓歸結到宅接得雖氣到屋坎方勢低而去是正合着生龍頭之說吉莫大焉此五行之所以有顛倒也

乾方起楼七赤元中、犯煞方

七赤元中、乾氣退運不可擅動

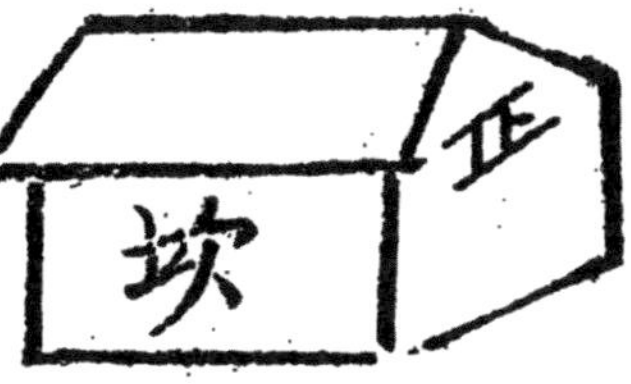

着眼

及高蹤。

一勺子曰、嘉慶九年甲子。為七赤下元。今為當權秉令。人皆云、六乾同旺。而不知動在。兌。方。乾方宜。靜。之。竅。此云犯煞。其、垂示後人。豈淺鮮哉。四綠。當運。三碧。倣此。

依山立局法。

廻風返氣。如在坎方。九局吉。

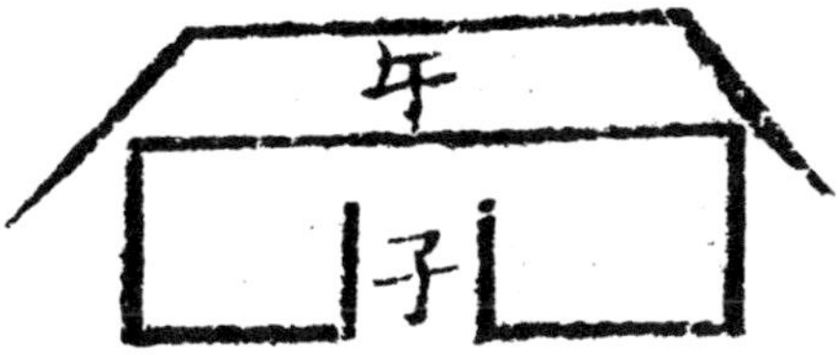


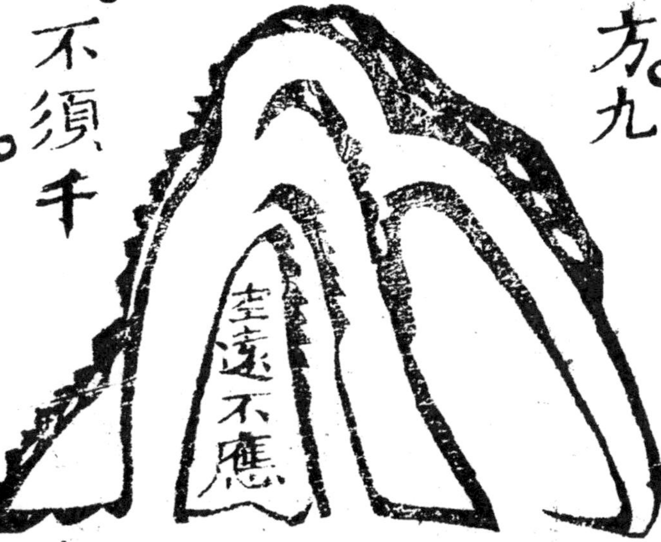


歌曰。坎土低低一小山。不須千依亦闌攔。若然高插雲霄上。此

着眼

宅真離癸下元。
一勺子曰、坎山空遠、則屬坎氣到屋。坎山
逼近、則屬離氣到舍。今曰七赤元中。宜用
西方來、濶、東方去、低。則局內俱係西氣。吉。
若西去而開、東來而闔、則為凶宅。又曰、來
去二字。以高。低。遠。近。開。闔。辨。亦以左水。去。
右。右水去。左。辨。

乾方高峰。一局
四局吉。
歌曰、乾山近宅
旺中元。八白行来最不堪。
若是高峰興廢大。縱然低
小亦須看。
一句子曰、高峰、總以平坦遠
近。隨。崎。嶇。逼。分吉凶。

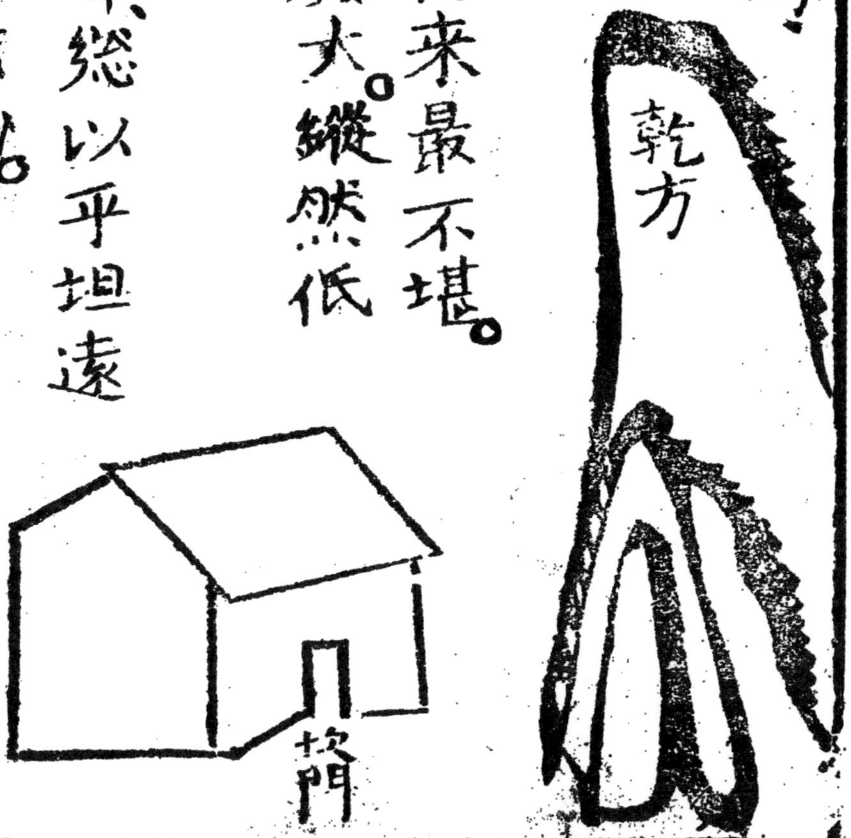

山宅風門法

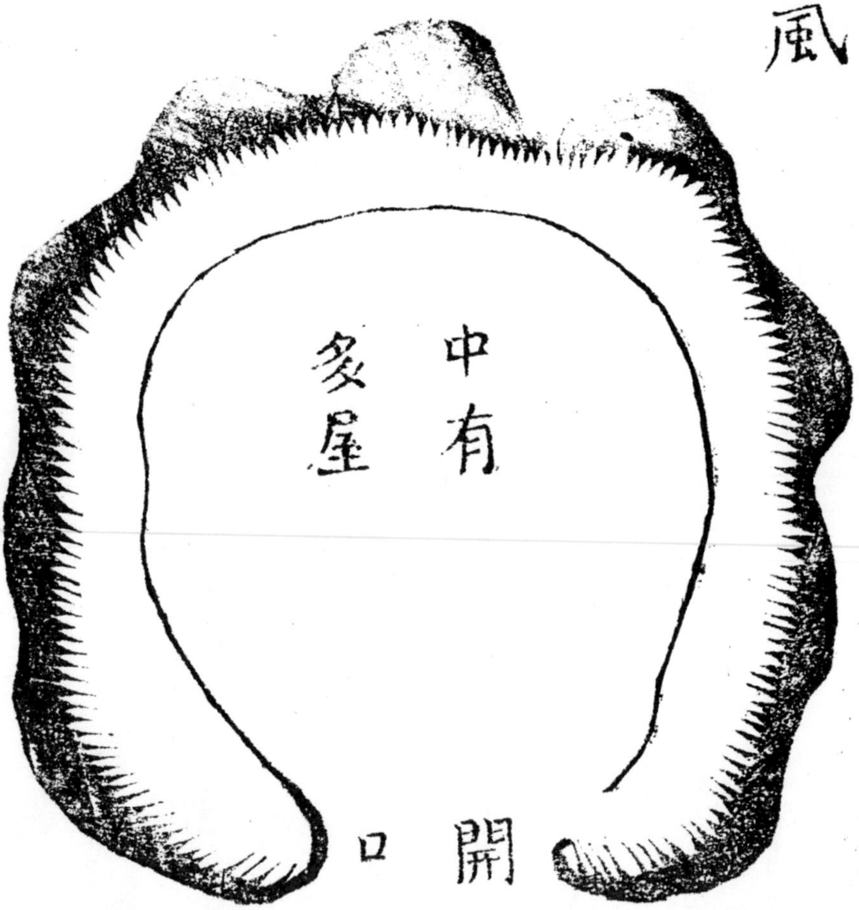


如在離方、一局吉。若氣蓄聚大。發三元。

歌曰八廓周完元圍仙。午方開口見青天。
上元宅此真瑤島。三元不敗看變遷。
一夕子曰四圍俱山。要以高低空濶四納
分吉凶。但氣口處更覺有加故此以下三
局俱從氣口講。

四面是山。一方獨缺。如在巽、四五吉。七六凶。在午、九吉。在坤、二吉。下元凶。在乾、六。交七赤、便臧。

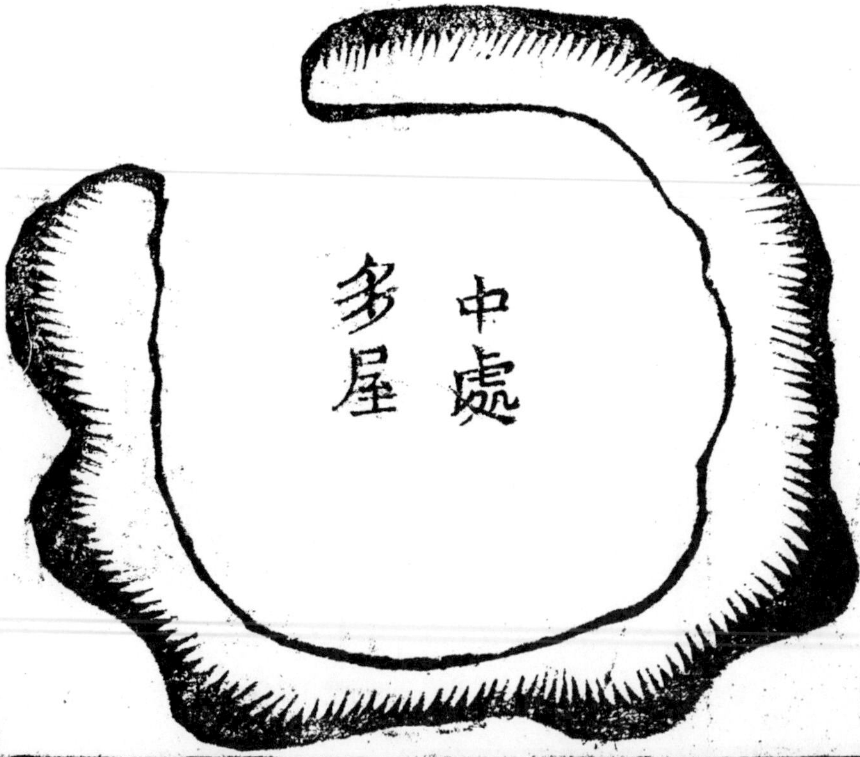

歌曰山關通風在巽隅。看來亦是列仙居。中元享盡人間福。七赤輪廻化廢墟。一句子曰、在乾六、变七赤便滅。滅字、下得妥協。若曰、七赤運中、六龍亦發。然不及七兑。力量之大。耶歌云、化廢墟。是指七赤甘年後。又曰、此等局、總以風門講。在風門本動。坐山輕。

居中者、兩氣俱到。居左者、受坤風。居右者、受巽風。此分風法也。

歌、左右吹來兩路風。巽坤变氣入仙宮。上中百二花甲發。運到衰時逐斷蓬。

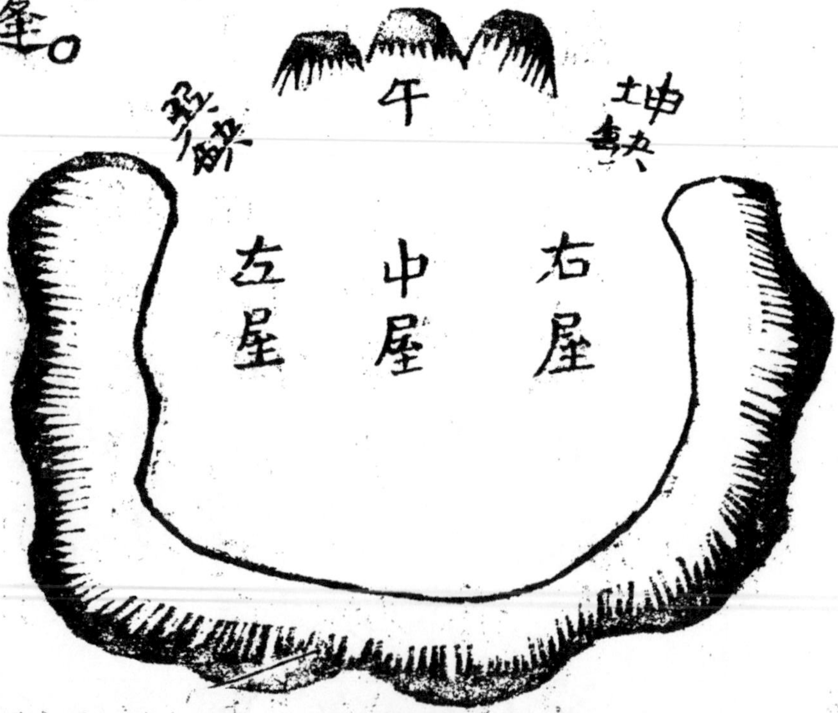

又歌宅若居中兩氣平。倘居山畔又移星。左受坤風巽不到。右冲巽氣坤不侵。吾為指出分風法。趨避之間費審情。一句子曰、居中者、兩氣俱到。每見山谷陽宅。發在兩頭。藏此之由。世人又以居中為正坐。誰識仙師、取偏坡之意與。

○○○

依水立局法。 離方大池。上元癸貴。四運吉。

一勺子曰零正催照四字。山水二龍俱有反覆總以河圖洛書。一六同宮。二七同道。三八為朋。四九作友。為主。如此局。係四九作友也。

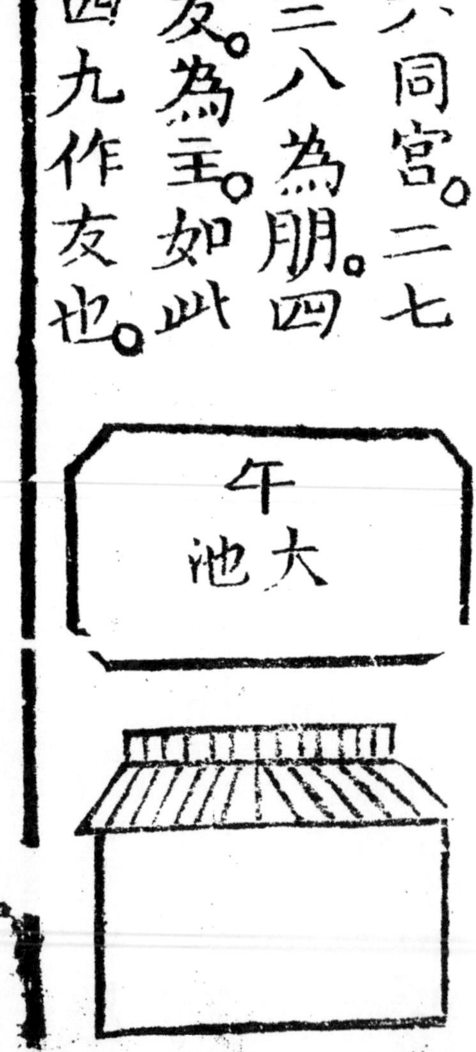

著眼

午水為坎氣之正。為乾山之照。為巽氣之催。為離氣之零。四字、惟零水凶。正催照水則吉。然又為七八之外零。為三四之外正。吉凶迥異。禍福已隔天淵。而左、未坤。雜入右、巽巳。摻運。內中更有。大知。分知。大辨。

離方曲水似蟠龍。名曰、上天龍。一局大發。四局、發大貴。

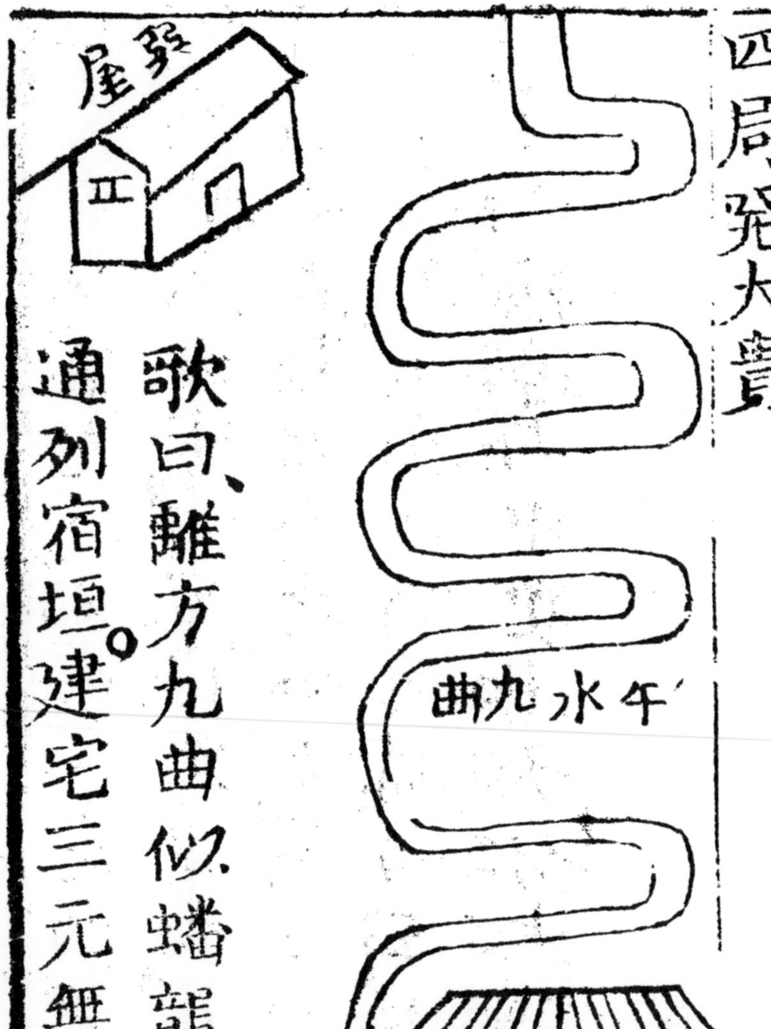


歌曰、離方九曲似蟠龍。此局先通列宿垣。建宅三元無破損。

槐
九棘冠朝班。
一勺子曰、午水、為一局。正水為四局。催水
故四局發。大貴一局。丁貴。齊發。

財祿盛、發大貴。歌曰、離方湖蕩水汪洋。小水通流內氣藏。不特三元財祿盛。時拖紫綬列朝廊。一句子曰、近宅有小水入唇。遠宅有大湖。正照。福力綿長。官高祿厚。莫大美局。三元不敗。

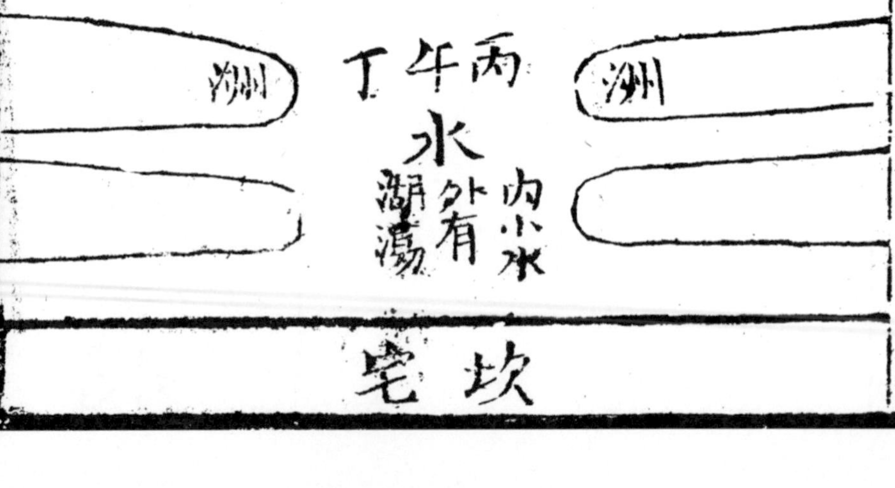

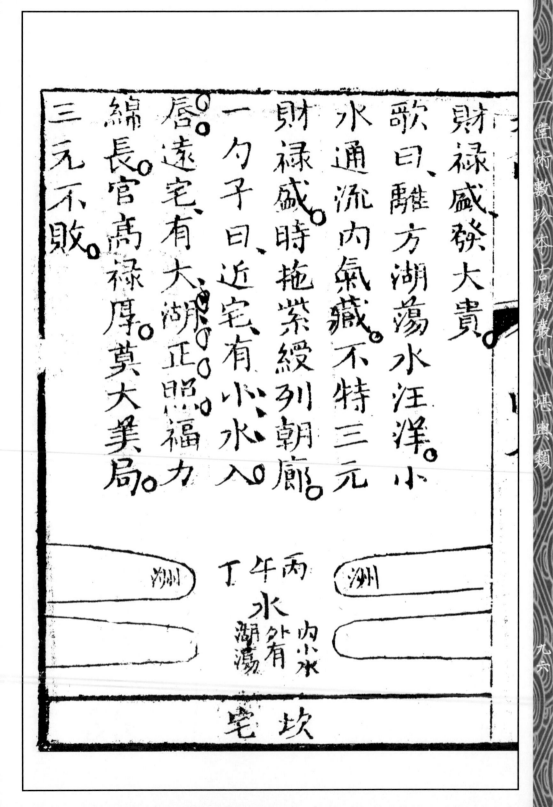

此宅三元不敗。但住有午方大水長流，前後左、右之巽。（异）

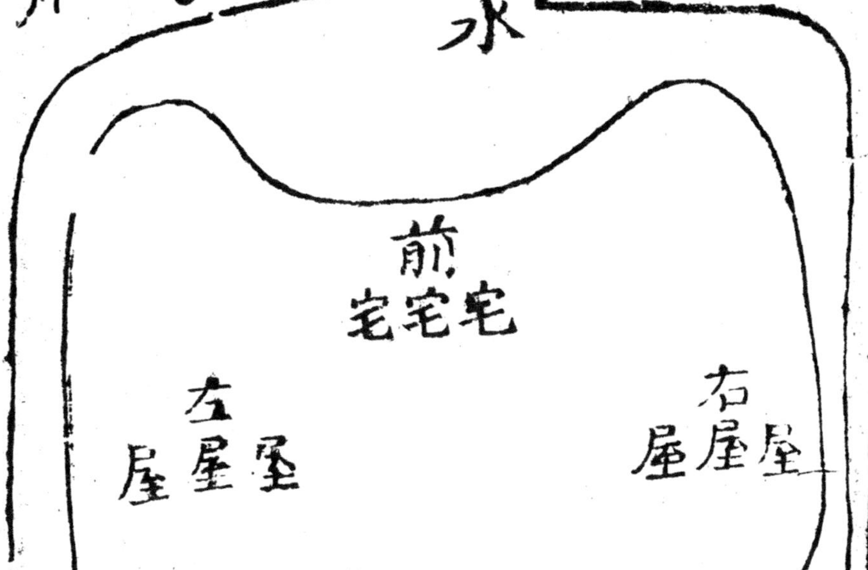

着眼

運逢上元、住後屋乾艮二溪主發大貴運逢下元、住前屋午方設一照墻將癸坤二加開朙吉

歌曰、長流大水灌離宮小水連城瑞氣鍾若見塊欄貴無敵黃金百萬位三公

一句子曰、午水長大下元、設一照墻關作吉論可見作用之巧能奪天工

歌曰午丁之水兩邊通。向水安居不怕冲。一到上元能薦貫。餘年平穩不孤窮。

丁午長流

一勺子曰。八方吉水。雖為尊。八卦吉氣。坎方強。此古來仙師。建都立宅。著書立說。於坎離三致意焉。

坎宅稠密

艮方水入格局環灣。上中二運大發。

一句子曰、坎方有水、而閉口。乾艮兩漾。一白二黑、莫大。之。局。中元、四運五運。俱大發。

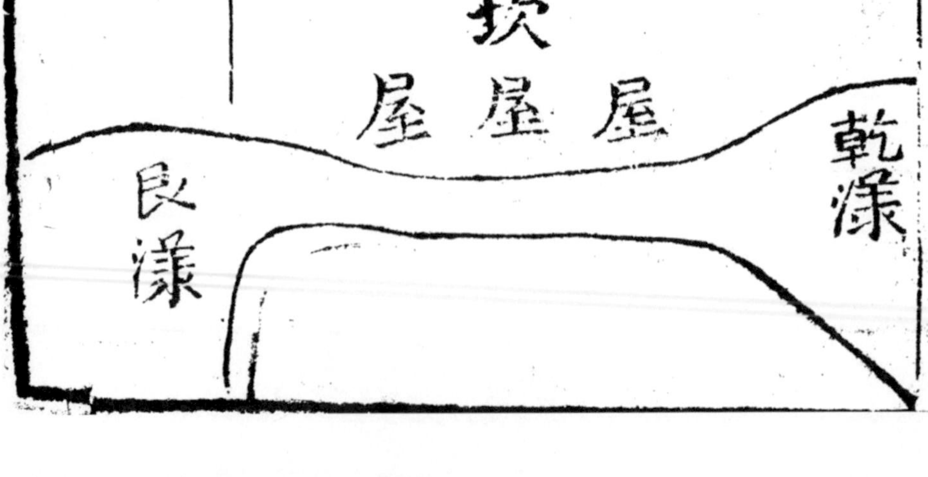

有水兜攔氣脉。上中元、二三四五吉。一勺平日、艮離有水。應二五兩元發貴。貴亦不大。大必有降級之厄。獨三四兩元。發貴無剝落之災。有陞擢之榮。

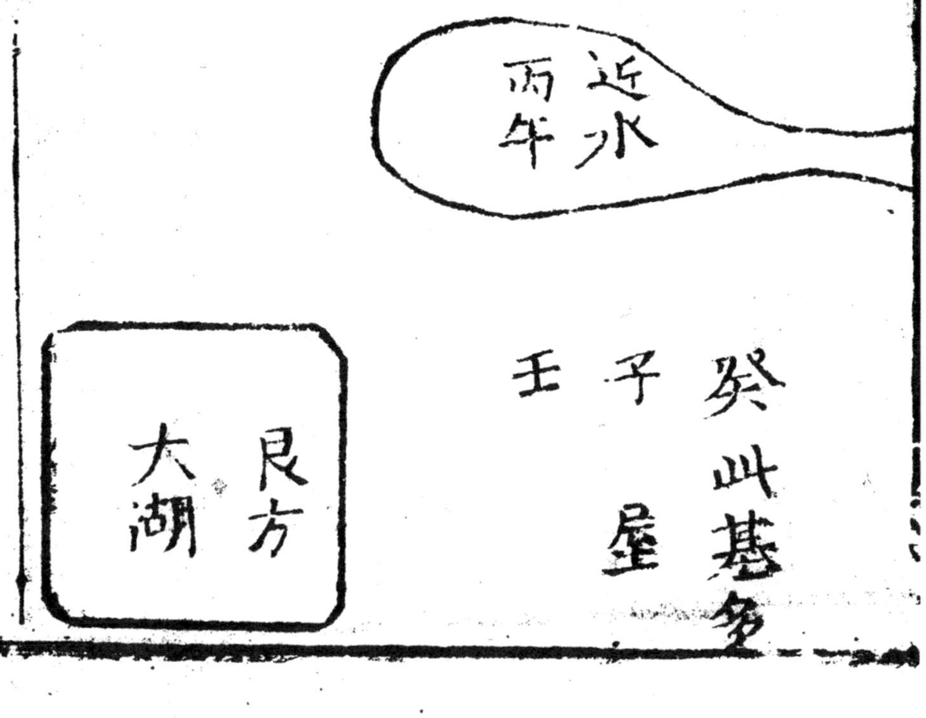

艮水池大。灣環蓄聚。抱身。真氣凾藏。可以經久。二三局吉。歌曰、只看東北水光浮。宅有兜攔氣脉收。遠曜近星皆翕聚。上中年内樂優游。一句子曰、坎宅艮水。應於一運發大財。二運發大丁。三運發大貴。

大湖收佳真氣。可以長久。

一勺子曰、此西上元之局。要長久。宜隨運更改、方準。

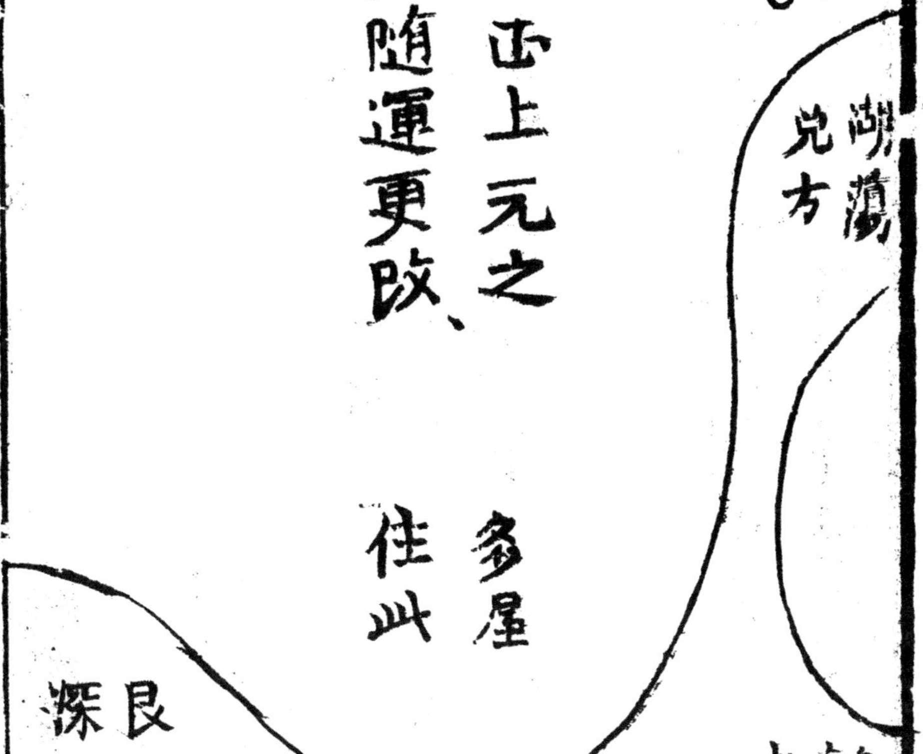

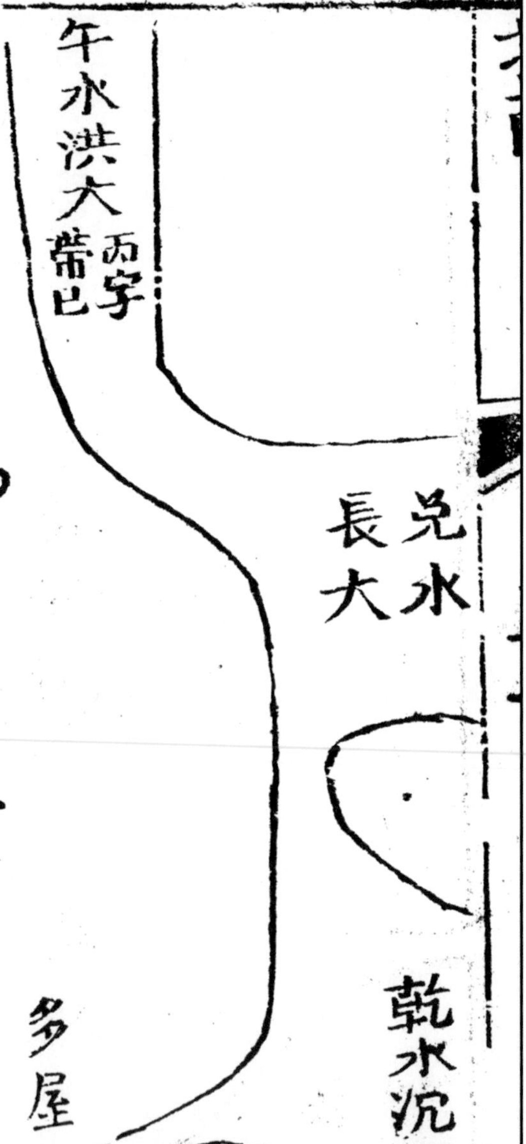


此局上元大發。一交乾六衰弱。下元大敗。

歌曰、離宮丙水字兼巳。行到中元貴無比。下元衰氣四十秋。官祿無聞宅半數。我為指出無龍法。八卦方隅同一訣。此中秘密非言傳。留待兒孫作寶筏。一句子曰、此局上、元丁財富貴大發。中元有巳水帶來。謂之乾巽丙催官水。一交下元。有災雲集。處處見凶。

兌方、大湖二層、久遠大發。直至下元七赤敗。

歌曰、重蕩重湖兌卦邊。隨方立宅蔭多年。豐亨豫泰誇家世。直到三元七赤天。

一句子曰、大湖者、大物也。大山者、亦大物也。能用大山。能用大湖。俱皆大發。且長久。

二層湖

兌方大湖

坎宅朝南多屋

俱近兌湖

[illegible]水龍山龍截然二途。不相侔而實相合。者也。其至訣則一。全然不同。惟得口傳、方有真的。

右所

屋後、丑艮寅方、大湖。取居中營宅。收兩位旺神。

歌曰、羅經或見四隅形。坐後淵源丑艮寅、要取居中營宅吉。兩不旺氣出豪英。

勾斗曰、兩位旺神。後能收。水。前能收。氣。前屋、不能收水。後屋不能收氣。所以居中者得。無。

前屋 中屋 後屋

寅艮丑水

兌水流入東去。攔當氣脈。上元發。二三運大吉。中元平穩。一句子曰、平穩者、是已發者不再發。已敗者不再敗。以艮兌俱上元水。乾方閉塞也。

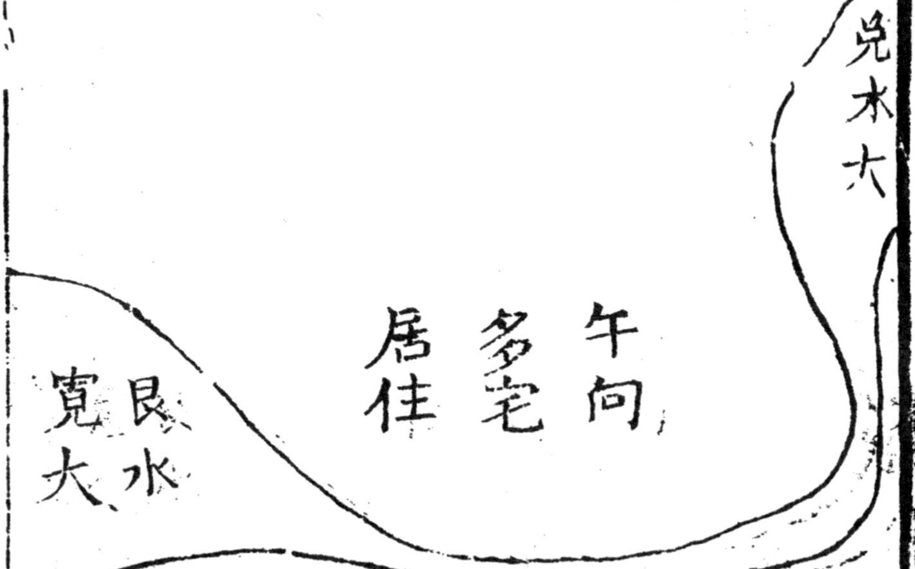

乾兌水曲折。星在巽方。四運、大發貴。

一句子曰、一重曲添一層水。一層水添一重福。其當煞運。見禍亦同。

歌曰、乾宮曲水四宮星。八十年中享大名。若曉中元安吉宅。黑頭相公秉鈞衡。

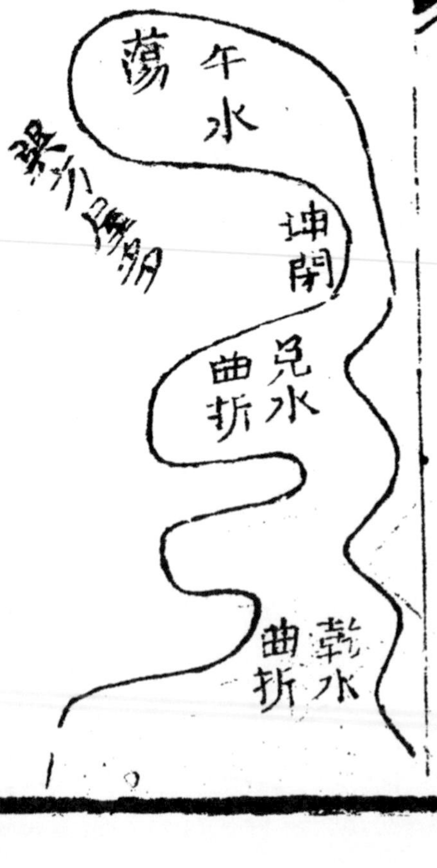

細看

一白子白乾氣該發八十年。乾水亦該發八十年。氣在中元。正合法。内中五黃後該十年。乾六。正運二十。年七兌輔運六十年。八艮爲乾後天二十年。九離是乾先天二十年。合之。一連能發九十年。云八十年。蓋以前十年方發。大名未顯也。水在上元一二三四五運。亦一連能發九十年。是乾宮之長而且久如此。

四運大吉、九亦大吉。

歌曰、四隅之地、有湖池。俱合中元真生氣。或在胷前或背之後。朝歌暮舞樂清時。

一句子曰、四運、乾水、正吉。九亦大吉。以乾爲九之照水。一六同宮。四九共處。內流外流、是也。今人反以九運乾水爲犯元。謬矣。

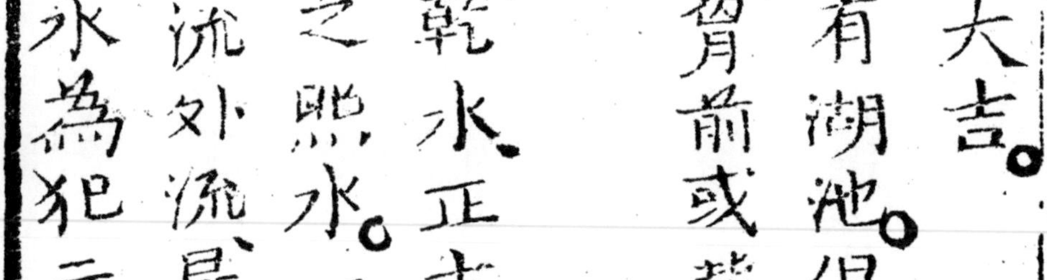

此局中元六運、發大貴。一勺子曰、乾閉巽開。此局易看。然要四圍圍繞之水。不見光。為准。稍有一處現光。即以現光處為斷。

歌曰、五數中黃水四環。若圍三面亦同看。此形獨旺中元內。也要通風走巽乾。

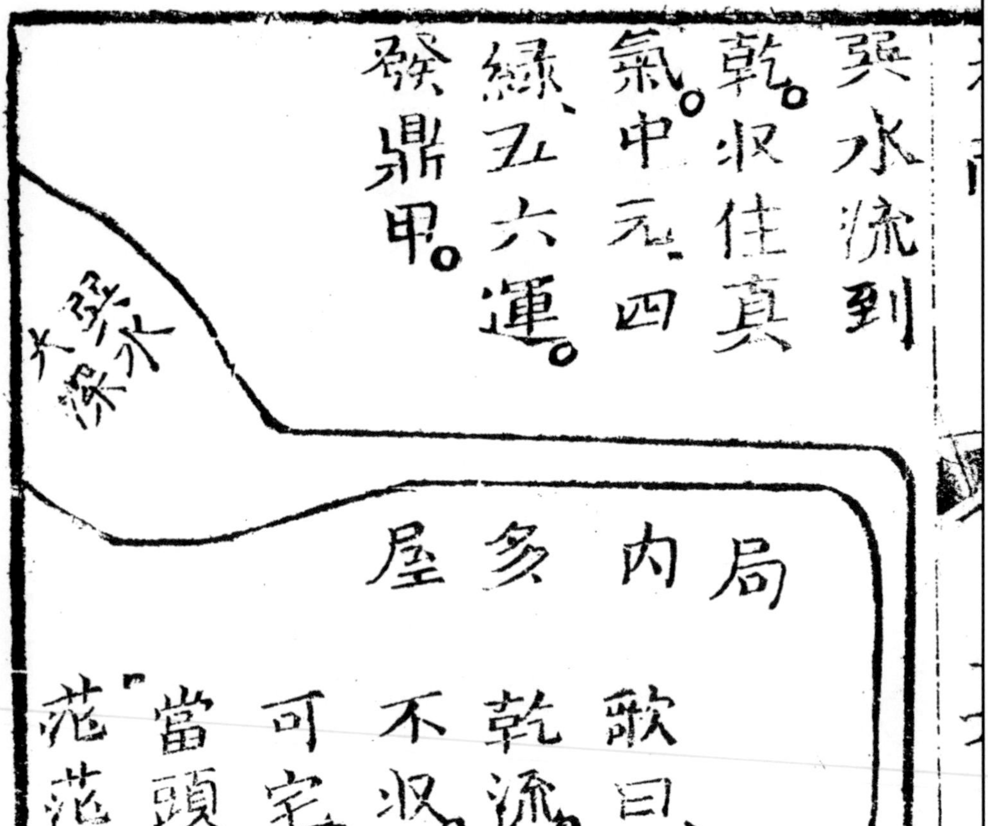


巽水流到乾。收住真氣。中元四綠、五六運。發鼎甲。

局內多屋

歌曰、一條巽水向乾流。不怕通衢氣不收。任是去來皆可宅。中元卿相坐當頭。又歌、大水茫茫乾巽方。貼身遠照緣相當中元宅氣交乘旺富貴声華不可量。

一句子曰、乾為天、為首。巽為文秀。故主鼎甲。此玉尺砂水並斷之義。蔣中陽子、何嘗不用玉尺。

歌曰、五數中黃水四環。若圍三面也同看。此真不替三元宅。現光旋轉在巽乾。

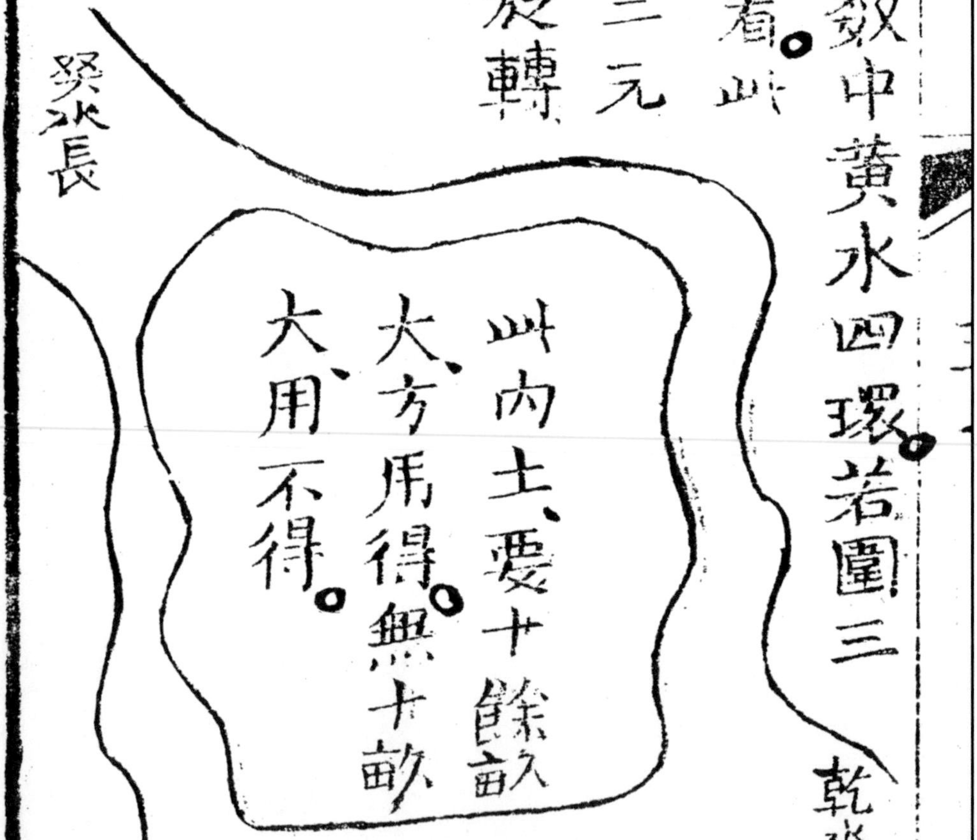

一勺子曰浮牌土、有二三十畝大。亦可通風。然又視乎水力之大小。分配取用、可也。

巨浸汪汪四周圍。中有浮牌土一片。亦是五黄真骨髓。中元居此稱心懷。
真三元不替之宅。
惜乎四圍不通風。

四圍之地。有池在乾巽。合得中元旺神兩催水。三元不替。但住房有前後之異。

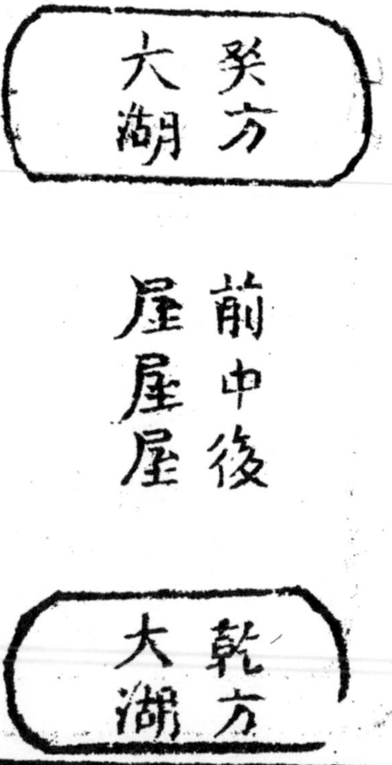


一句予曰、住前房中、六發。住後房中、四發。住中房、五黃發。湖大則發亦大。水小則發亦小。理氣依形勢為斷。

一句子曰乾巽兩水見乃中元五黃莫大之局。然在上元一運。亦不小。

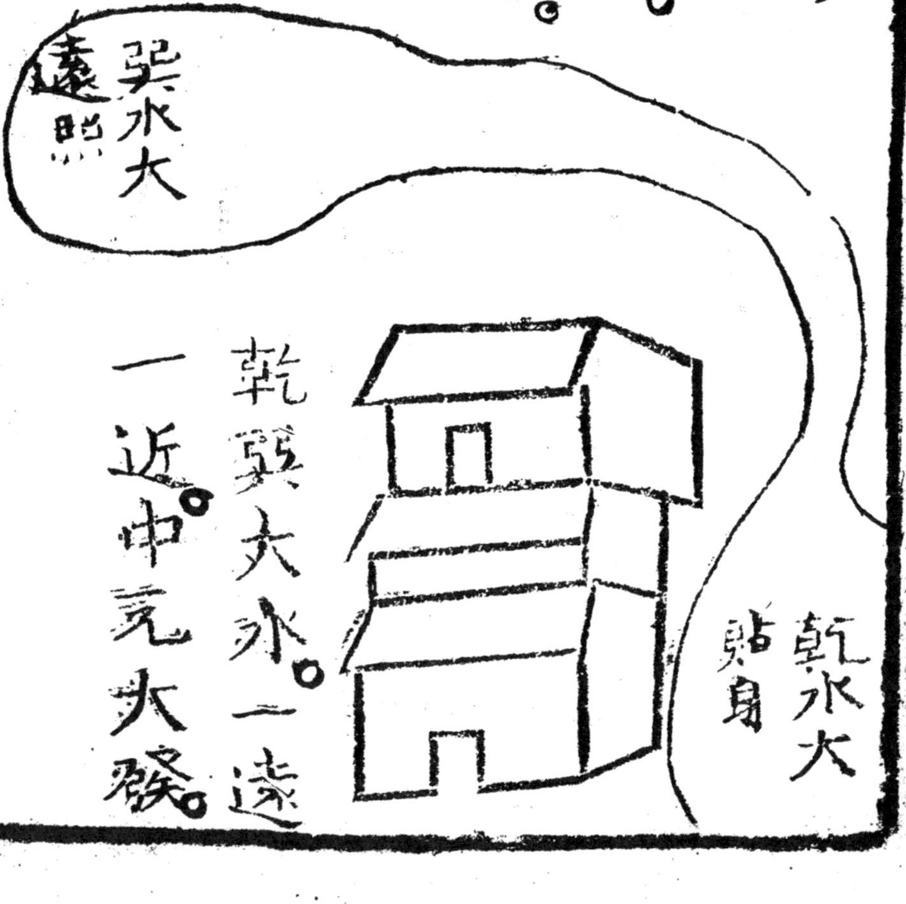

震水、曲折而来。到坤見光。七赤大發。

歌曰、震水支流屈曲來。源頭盡處穴堪裁。下元七赤龍居首。一發驚人響似雷。一句予曰、此二七共處。七運內得卯水。又得坤水。是應以文名而兼兵柄。文章冠世。英雄無敵。然必以澄深汪洋為上。

歌曰、一條西水向東流。小水攔當氣脈收。當許下元還晝錦。

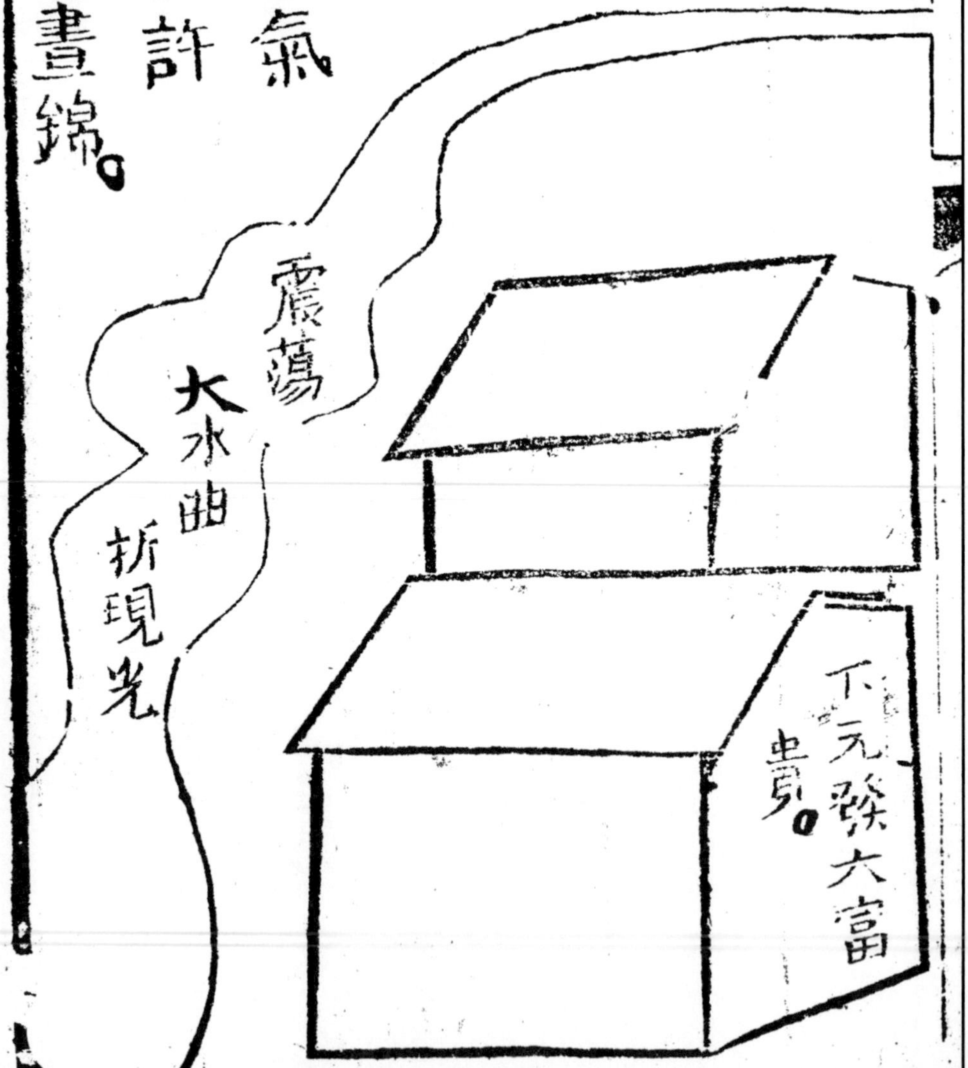

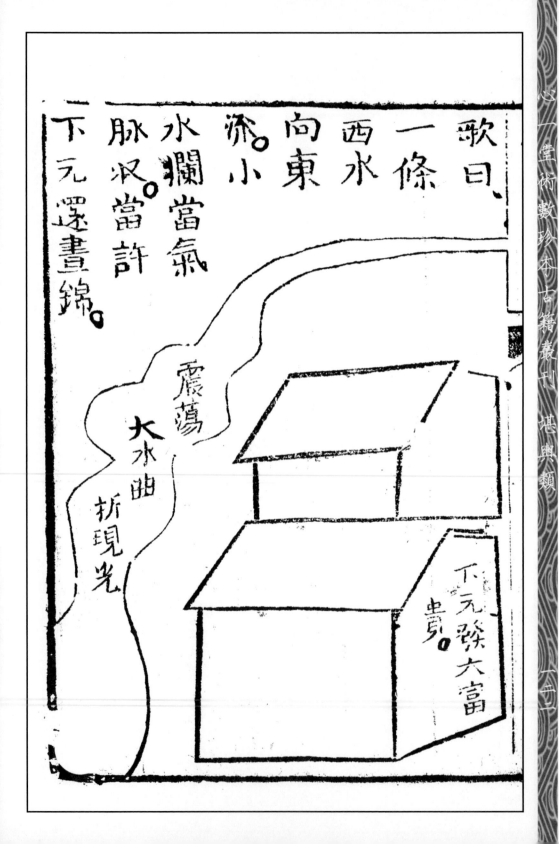

中元無咎福悠悠。

一勺子曰、此有正水。無催水。發富發貴。却難催官。然正神。力。大。瀦蓄。沉凝。灣曲。環抱。吉大者、則官。亦。大。又不可拘。

坤水入艮。宅邊繞抱。雖未交流。一二三四五大吉。

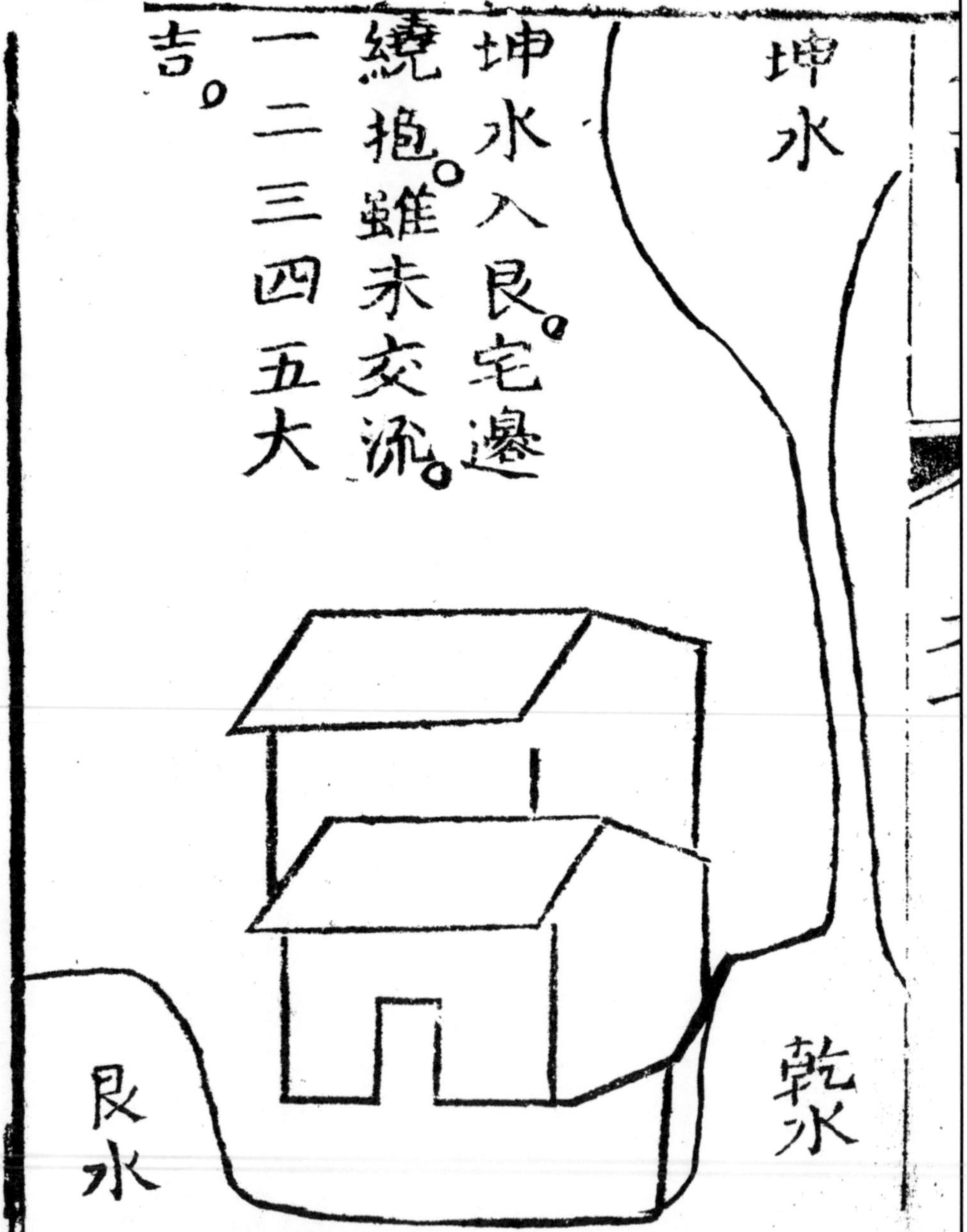

## 着眼

一句字曰一吉者以坎閉乾催也二三僅吉者艮深也四吉者乾正也五亦以乾水故也此水龍一定之法但二運中有坤水遠照未免有損

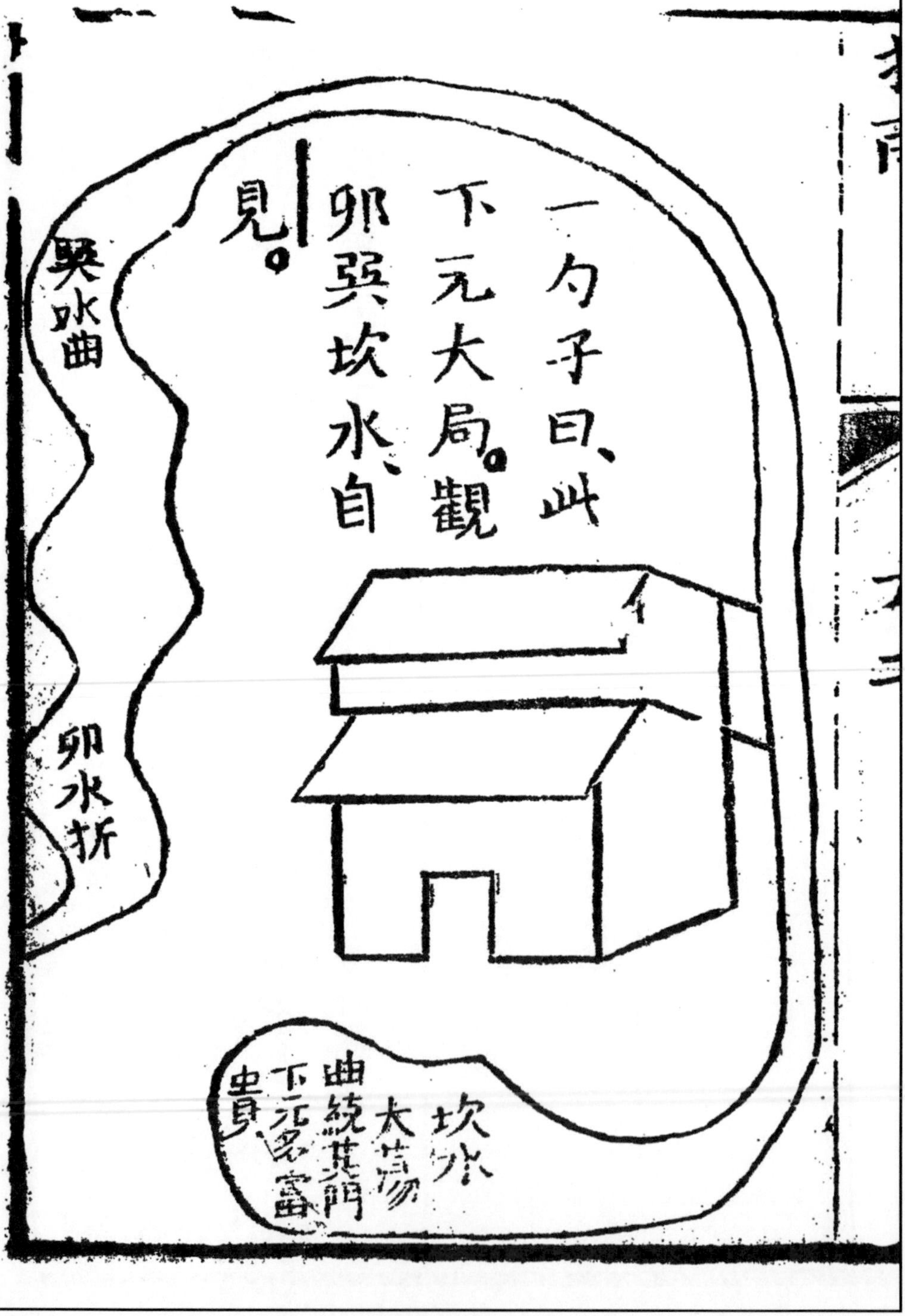
一勺子曰、此下元大局。觀卯巽坎水、自見。
巽水曲
卯水折
坎水太蕩曲繞其門下元發富貴

着眼

歌曰二水雖方入坎宮。盡頭一宅夾其中。雙龍氣脉来相會。安坐三元貴不窮。

一句子曰、九運。更。高。以輔弼。兩。星。得。加。無收雙。龍。之。吉。

午水在右、變坤。八好。六亦發

午水在左、變癸。六好 九亦好

雙龍相會

貴發三元。

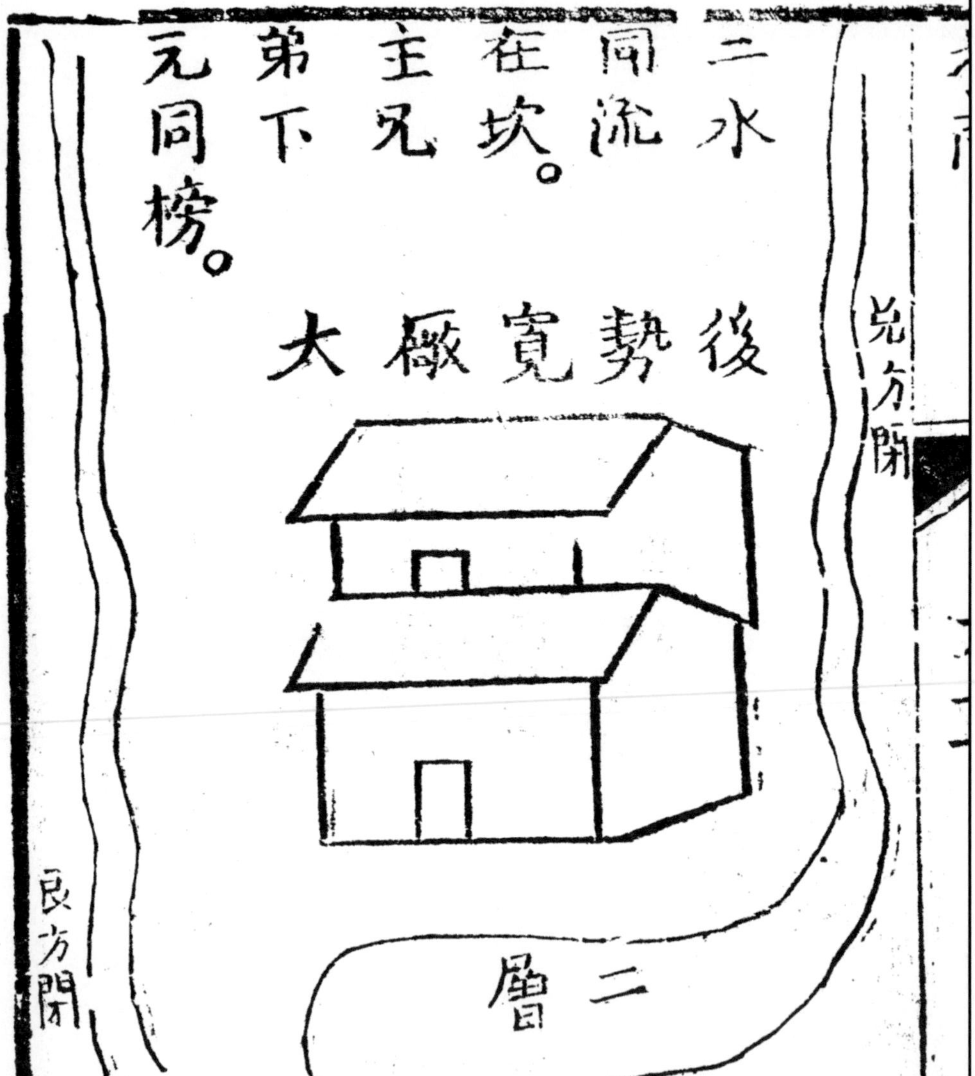
二水同流在坎。主兄弟下元同榜。
後勢寬厰大
兑方閉
艮方閉
二層
大坎水

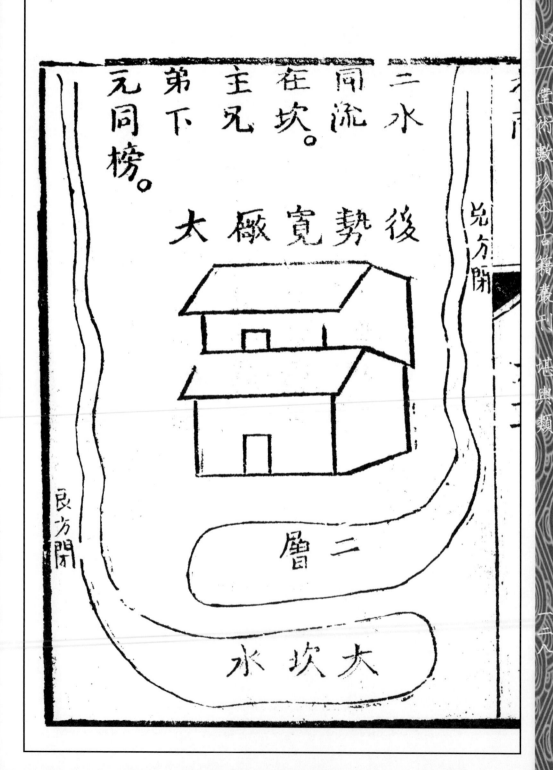

一句乎曰艮方不開。主富貴而丁少。九運以艮為胎元也。兑方不開。主損壽不得高年。凡得。元之。水。有二三。層。同。流。或作二。三。折。比。曲。主兄弟同榜。

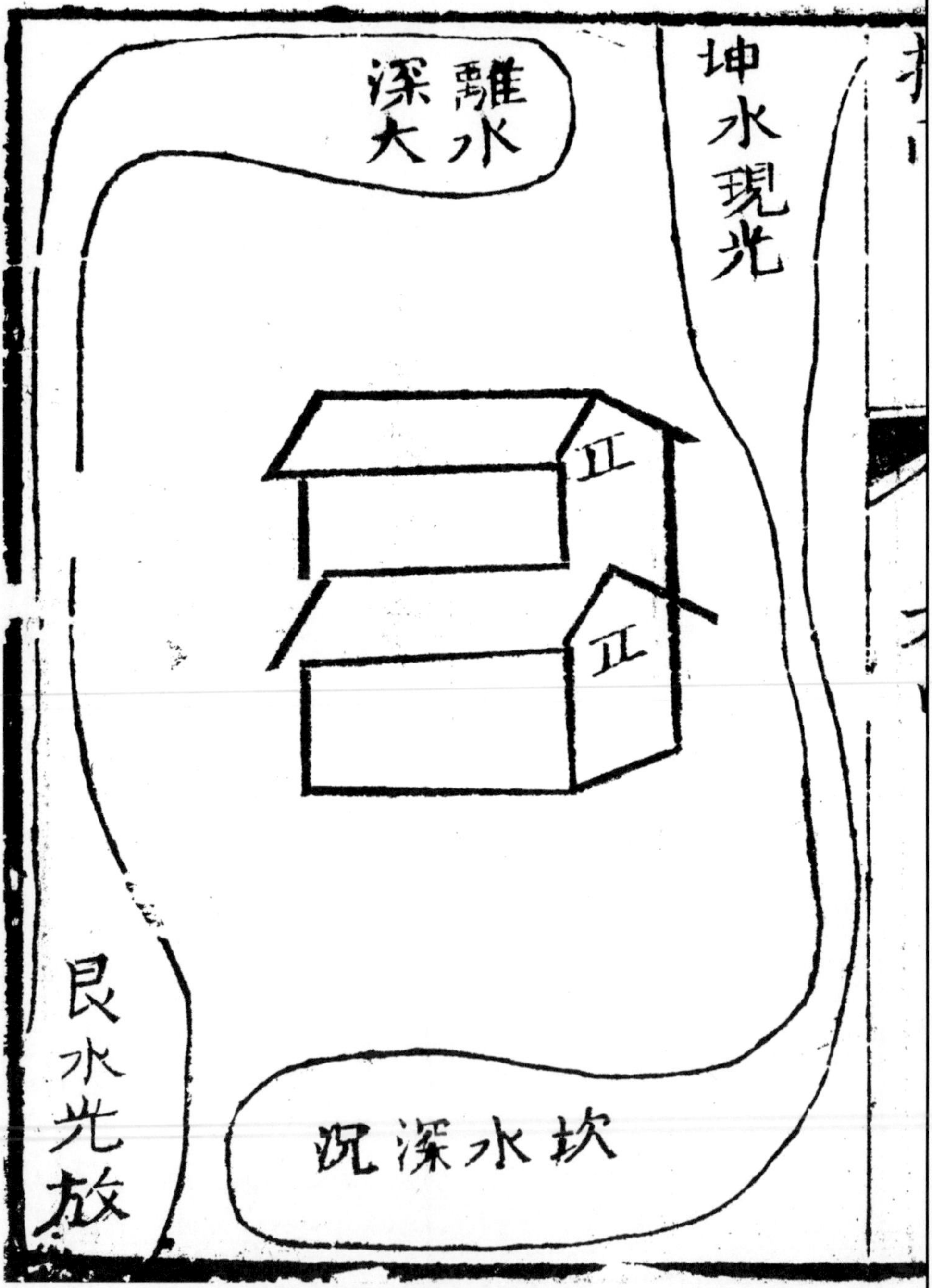
離水深大
坤水現光
坎水深况
艮水光放

此局坎離相交。三元不替。主父子兄弟同榜。

一句子曰、此天。地。風。雷。主老父。與長。女。同。榜。但水光勢大有力。基地寬厰。房屋宜高大以收之。或依水朝元。亦是一訣。

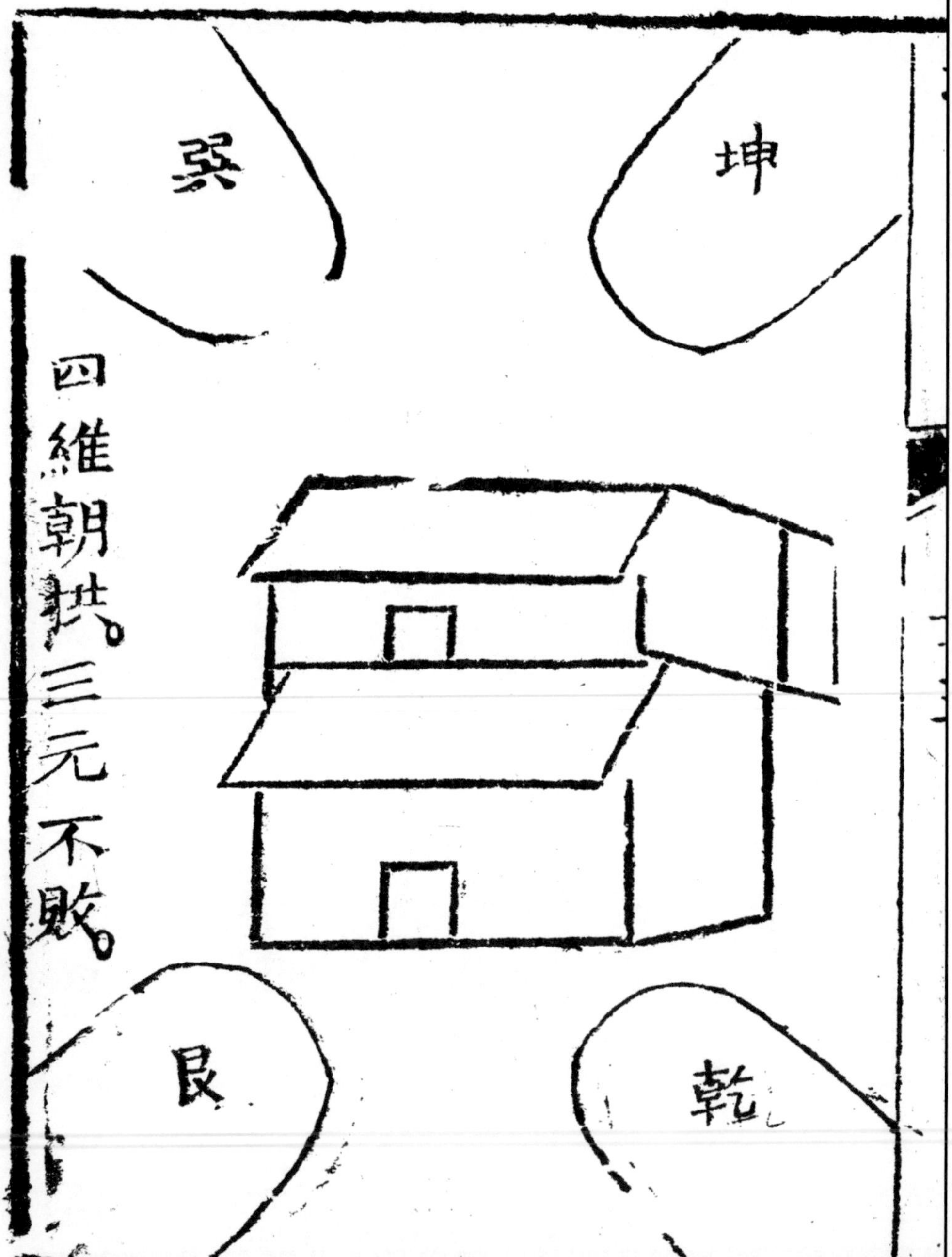
巽
坤
四維朝拱。三元不敗。
艮
乾

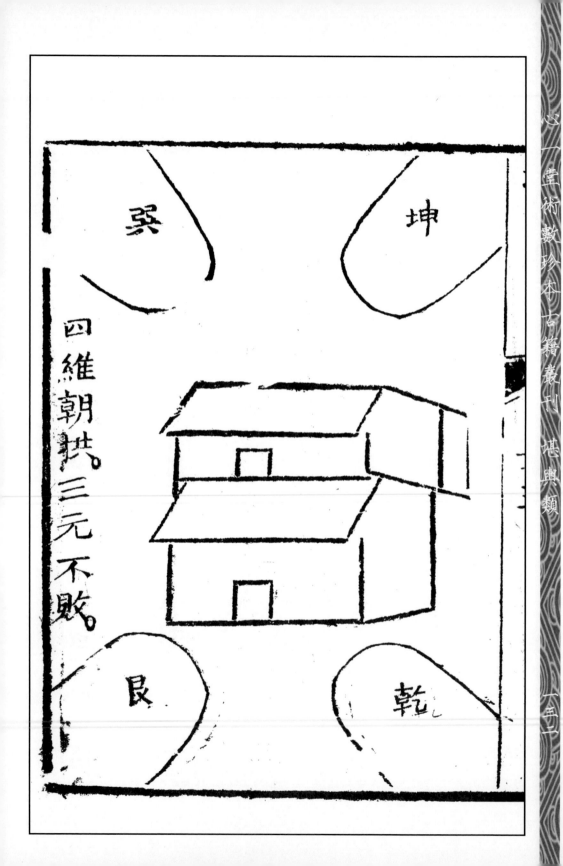

宜着眼

近坤八運之近艮二運是中元乾巽為中宮。上元居東北下元住西南。歌曰四水朝歸會四龍居中作宅是仙宮。不分元運時時發了姓綿綿奕葉重。一句子曰此貴賤雜處之局也。用法止在毫厘。一出一入禍福係焉。吉凶同域憂喜聚門也。

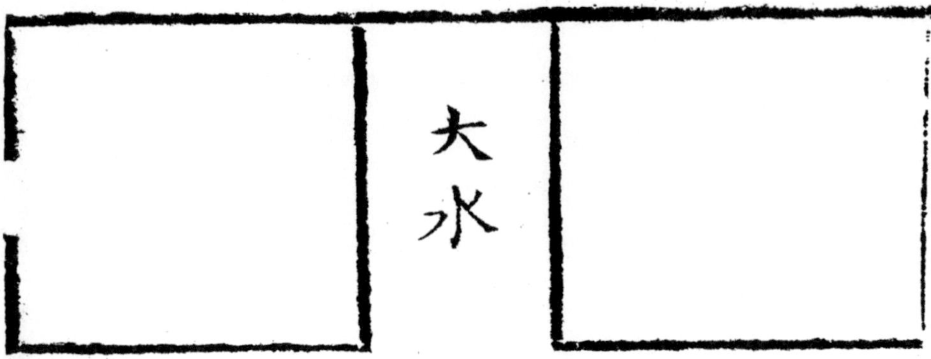


雙龍法

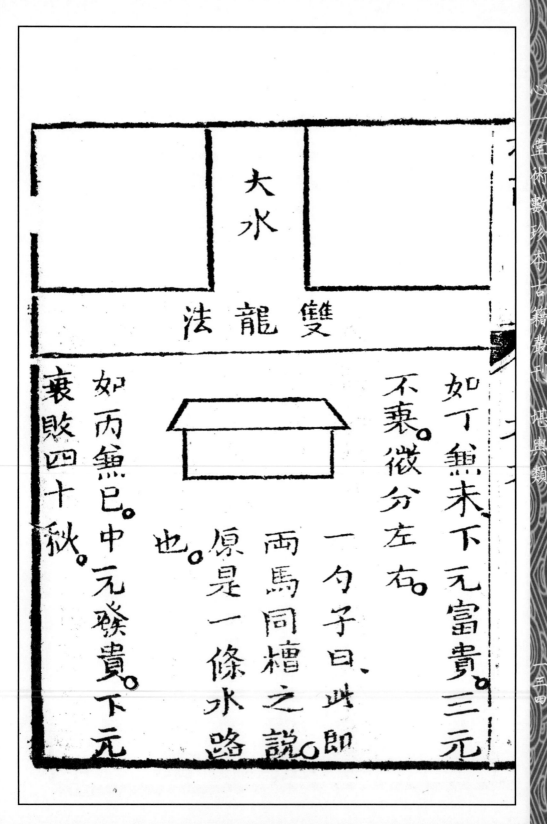

如丁兼未、下元富貴。三元不衰。微分左右。

一句子曰、此即兩馬同槽之說。原是一條水路也。

如丙兼巳。中元發貴。下元衰敗四十秋。

細看

我為拈出雙龍法八卦方隅同一訣其中趨避有元機便曉孰興與孰發四水朝拱為美局坎離交媾稱上格雙龍聚會是姤龍乾巺兩催亦良法屈曲之元識來情注流湖蕩辨元脉此中秘密宜寶藏留與兒孫作寶筏

陽宅指南終

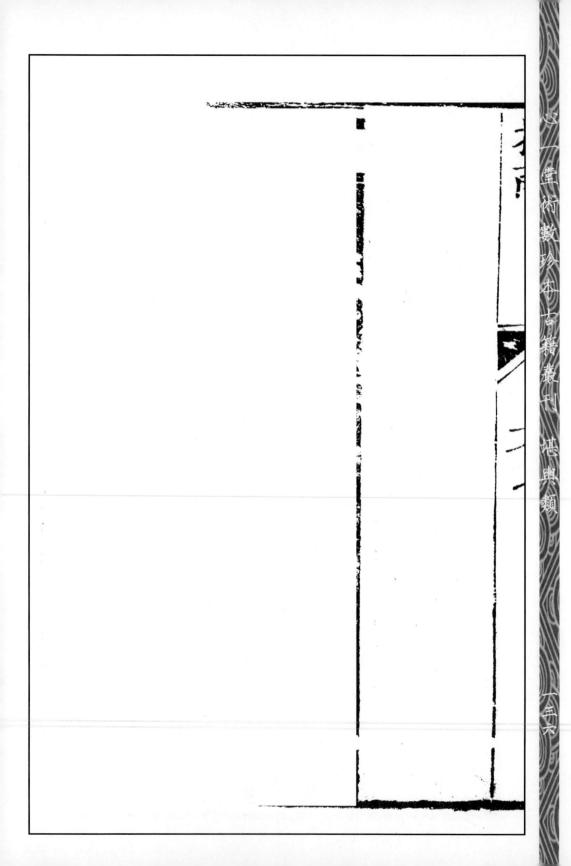

# 傳家陽宅得一錄

敘曰陽宅之法。十有三家。言向者或遺門。言門者或遺運。所以禍福舛錯。然有定見。夫陽基之旨。較陰地趣元而應速。余研求數年。未得其要。丙戌歲、以 王事入關。迂道武夷。偶遇家道人。始得其奥。後以奔走南北。未遑成帙。集諸家之秘旨。洩造化之微機。定之吉凶。如燭照數計。

得之者幸勿輕視。蔣大鴻述。

八宅天元賦

元天垂象。九霄開梵氣之中。大地炳靈。九野兆坤維之紀。龍馬以河圖起瑞。神龜以洛書效珍。剖混沌之先。幾昭乾坤之大法。自然妙化。至人因之。建都邑以御萬邦。授室廬以綏兆姓。明堂九室。見於月令之文。方井八家。考之徹田之制。

一句子曰此段統論象數之始。
鼻稽黃帝。始創合宮。我祖太公。爰營洛灘。
當時皆為憲令。後世遵為遺規。生民日用
而不知。聖人先知而不議。秦火之後典籍
蕩然。千聖不傳之心。一線寄諸哲士。黃石
授之圯上。乃出青囊。蕭相功成未央。太開
北闕。逮於管郭。微言莫繙。以及楊曾。正術
始顯。嗣是僞書雜出。異軌爭馳。家家造滅

鑾之經。人人掌中之卦。雖能害志。矣且
亂真。斯固世運之衰微。抑亦天機之隱秘。
不得雲陽之訣。豈知幕講之傳。
一勺子曰。此統地理之派傳。而歸重於
無極。得傳於幕師。為正宗。幕講一各目
講。為吾吉、劉達僧高弟。無極實得目講
之傳。以續楊曾之緒。
萬世洪厎。一朝剖破。

一句子曰總結上二段讃美雲陽子。

坐山之宅。宅既不眞。東西分宮。宮亦全謬。五鬼六害。盡皆絕命之神。生氣天醫。不盡延年之路。貪狼巨門高聳。不是吉星。廉貞破軍昂頭。詐眞凶曜。欲執遊年訣法。斷無取驗機關。

一句子曰。此辨宅書之非。

要明八宅之眞。先識九宮之數。年分甲子。

運轉三元上元一白為君震坤巽輔中元
四綠居首五六相承七赤下元艮離襄旺
一勺子曰、此指氣數之真是天元賦正
文前後皆發明此秘
春榮秋落莫尋出運之龍陽往陰來須遇
本宮之水正直偏曲惟貴榕清廣狹淺深
只求位的
一勺子曰、示人人用

形局之模糊可方隅之雜亂難言曠野平原端取派神結體關廟村鎮都将衢路分踪城隅倚城為憑山國傍山立穴高樓峻宇嶠星借揷於隣家堰閘橋梁動氣交衝乎轍跡牆籬皆能障蔽竹木亦可攔當

一句子曰此言氣之所到以形而受

総之水為引氣之元精察其来又看塊抱風是送氣之神物性主散須用遮攔呼吸

須辨陰陽化機總歸一物風之所送即是
水之所交陽之所噓亦即陰之所吸交如牝
牡影類隨形應若宮商似響斯答水氣在
土膚之上當以先交風氣來空虛之中但
隨順取光交親憑目擬貫取變有多端若
逢空缺即為來一有遮攔便作止辨明來
止二氣方知噓吸真機

一句平曰此言風與水分途揚鑣殊轍

同歸。
更有宅神尤多妙用。權衡內外。錙銖吉凶。
蓋外氣是宅外之風水、內氣是宅內之方
隅。內外俱吉是仙宮。內外俱凶成廢宅。外
凶內吉。僅許小康。外吉內凶。难除瑕玷。此
言曠野一家之宅。非言城市比屋之居。
一勺子曰、論曠野居宅。但辨內外二氣。
凡宅皆全。俱宜分清。

若夫接宇連甍。尤重升堂入室。略陳規矱。以備推求。大槩先論宅形。檃括更看門路。四方正直。備有八宮。遍濶直長偏居。二卦。一曲須論首尾。三灣亦取兩頭。長短消除。廣狹轉變。無方合卦。有左衰右旺之時。曲勢斜形。辨此濶彼清之界。卦有定理。格不一方。

一句子曰。此論接宅法。而一曲首尾。三

灣兩頭二句尤係千古傳心之衷。

假令震。兑。横。几。二卦坳。適。艮坤。磬。形。兩宮。並。至。試問闗。門。何。地。乃知氣。入。之。源。嚴搜內。室。何。方。始定歸。根。之。際。若門通。前後。則卦。不。専。一。更卧室。居。中。則氣。収。兩。舍。

一句子曰此論形異氣別。

向兼寅甲。坐雜夾壬。東房。富。則西。房。必。負。南枝榮。則。北。枝。之。萎。亦察重。輕。於。門。路。方測淺深於卦爻。析變乃彰。合居不判。
一勺子曰。此乃一定榮枯。
欲較門之力量。亦辨宅之形模。方宅四週。
門通入國。如其曲折。難以推移。坤向深沉。
離兌二。門。偏。不應。正南重疊。巽坤兩。戶。總
無。憑。門若居中。左右截。然。分。氣。或開旁門。
一邊。獨。領。真。情全憑內。路。之。曲。折。長。直。引
神入。室。屏審旁。門。之。有。無。純。雜。漏氣。奪。胎。

總之多門不如一門之精專遠路豈同近路之親切總門統一家宅主之隆替房門辨夫婦徑庭之安危

一句午曰此論門路

別有男女弟昆駢分居之房闥下至奴婢妾媵據所授之一壓萬花谷裡豈無一樹先零數罟池中亦有鯨鯢漏網

一句子曰此論大小男女主僕房室一

宅大則厥招之勢必遠。宅小則厥受之氣亦微。總求顆氣為樞機。細審真方分順逆。

一句子曰、此論大宅小宅收氣厚薄。

改一門頓覺枯荄。移一巷、立辨災祥。拆屋添房。看取東宮西舍。整新換舊。寧知旺位衰方。

一句子曰、此論脩改。

或彼家吉而此家凶。或昨日興而今日替。

其機可畏。其理难知。嘆肉食之終迷。遇真詮而圖覺。有宅於此。吾所共疑。何祖父顯而未祚。中微何故。主傾而更姓。驟起亦有乘肥。兄瘦。豈無主。弱奴強。愚人不識氣機。頼議全無定法。不見先。春賽陰。涉秋霜而自渴。譬諸大旱。赤焦沛甘霖。而立起吉人邀。其景運薄祚遘。其衰時實有天心。適符地脉。此理捷於影響。至人秘而不傳。

一句子曰此論宮室不同與生人之命運相合。

世重葬經。每輕宅相。夫反氣入骨。固人道。報本之。常經。立命安身。亦孝子宅身之本。務祖先實。以後。昆為血脈。邱墓反因住宅。為安危。其理甚微。不可不察。且死者已枯之骨。非歷久而不榮。生人飲息之場。隨呼吸而立應。欲求朝悴暮榮之術。須識移宮

翼

換宿之奇驗試不逾吾言若契
一句子曰此以陰宅比論
將此有任慎簡其人苟非同天地之心何
以通造化之妙按圖索驥難悉端倪觸類
引伸粗陳大概省察之機觸予目變化之
巧在予心書不盡言言不盡意果精其術
真堪羽翼斯世克守遺規庶以延長世澤
至理不易上士何由傳之下愚天道無私

祖父豈敢私其孫子。我滋懼矣。尚慎旃哉。

一勺子曰、此段、總結上文。

歲在丁巳。六月。蔣平階、大鴻氏、撰。

一勺子曰、魏柏鄉相國家。藏傳家得一錄。蔣中陽得之武夷道人。始著此賦。其發明闡晰。天元精奧。全豹可窺。五歌更為精密。同志者其寶之。

傳家陽宅得一錄終

# 陽宅三格辨

雲間蔣平階中陽子著。

## 三格辨

人生禍福之數。陰宅居其半。陽宅居其半。若祖墓不沾凶氣。一遷吉宅。輒登顯榮。若住宅正屬衰危。雖有佳扦。亦難發達。陽宅之

不可不重。如此。我為辨之。有三格焉。一曰、
井邑之宅。二曰、曠野之宅。三曰、山谷之宅。
一勺子曰、余嘗見陰宅最吉。陽宅極凶。
而不發達者。即稍發、亦多迍邅。又見有
祖墓平常。陽宅吉利。而得顯榮者。且凶
咎全無半點。陰宅蔭骨及兒孫。陽宅氣
氤養此身。人生禍福。陰宅居其半。陽宅
居其半。而陽宅尤重。

井邑之宅。或居城郭。或居市廛。萬井烟火。重闉比戶。地脉朝向。大畧相同。而攷其吉凶。判然各別。此其用。街巷道。路。為。先。方閟門。風。為。次。而水局。又次之。蓋車馬人跡。咽咽闤闠。响振塵飛。無非動氣。此其嘘枯吹生。[illegible]逼影境。不同岑寂之鄉。若更獨得水局。舟榜交橫。必為出格之宅。得其元者。百萬縣至。卿相立躋。蓋此宅也。

一句子曰城郭市廛車馬人跡是大動氣如北直山東咽闐塵飛故以街巷道路為先也舟楫橫交江浙蘇常欸乃咿呀鼓浪舞棹故以水局為尊也蓋一陰一陽縱取得元富致百萬貴躋卿相何難之有

曠野之宅以水為主而風門方隅次之道路又次之若大江大湖則其應大在小溪

小澗則其應亦小。此與平原龍法体格合一。而微有細大之殊。專檀一方。氣鍾於特。若元運綿長。奕世承祧。子姓不替。蓋此宅也。

一句子曰大江大湖其應大。小溪小澗其應小。故收氣厚者為大。風受水深者為大水。此風水有大小之別。若專擅一方。氣鍾於特。則山聚水歸。奕世承祧。夫收十里山水。有十里規模。收百里千里山水。有千里百里氣象。又當分別。

山谷之宅。以風爲主。而餘皆次之。蓋其風摩空而下。障之者萬尋。而漏之者千仞。竅穴刁條。排山拔木。其吹祥也。發不旋踵。其吹咎也。殄無餘蹤。非得真元之氣。我不欲居也。嗚呼、我安得三元不替之深山出窟穴。而世其休乎。雞犬桑麻。與世迥殊。擬於仙鬱盡此宅也。
一句子曰。山谷之風。要來去分別。反覆明晰。其摩空而下。漏之者于側。是高處下。來之氣。障之者。斷尋。排山拔木。是反來。覆到。之氣。故陡崎之峰。無風下。而能使風住。但平之巔。引風到。而不能必風止。總在吾輩運用。之妙。順時取之。一毛少差。吉凶反掌。不可不慎。

凡此三宅。皆擇堂氣開鉗水泉平衍之地而築之。而不關於龍脈之結聚。世人以為龍脈結成陽宅。此說非也。即大而郡邑。更大而京師。亦擅氣局。非關龍脈。其所謂勢聚而已。氣聚而已。豈有金針玉線。纏綿絡繹。而入我之户牖哉。

一勺子曰、俗言龍去結陽宅。此是時師識見庸。縱使皇都並郡會。只審開陽不

審龍勢聚則勢到氣驟則氣止而何關乎脈線之金針飛渡哉

蓋山龍之氣一縷靈光如花房含露香味細滑但與人之骨髓相薄不堪遍洒於堂階戶閫凡陽宅之所收者外氣而已山川風物挹覽光華雲奔電轉其作用在土泉之表非求之地絡之陰

一勺子曰陽宅之所收者外氣而已此

語、醒世千古大夢。非真地仙不知此。非真天仙化人。亦不確解此。今世所講論者。四凶四吉之名目。而不精察其根柢之所居何地也。其作用在土。泉之表有作法。有用法。有一定法。有轉動法。收氣有憑依。而收非空空可收者。

至於翻卦遊年。此占年之小數。非定宅之正經。

一勺子曰翻卦遊年只可占年而非眞吉眞凶可以預植福基者而皆主皆實矜以小數爲重無奈其扞造全無準驗何若知楊曾眞八宅之旨則概可貫矣皆昔人未發之義予特爲辨晰以告世之工於相宅者

一勺子曰眞八宅亦從八門八方講來而非生延害禍之粗實有生延禍害之

精者寓焉。

陽宅三格辨終。

吉安尹一勺註

# 七十二葬法

笥峰石室藏板

# 賴大素七十二葬法目錄

吞葬法　吐葬法

卸葬法　息葬法

閃葬法　浮葬法

沉葬法　虛葬法

懸葬法　通葬法

從葬法　鋤葬法

墜葬法　倒葬法

洩葬法

第四章。審諸生死而用法者凡十四

沿葬法　頂葬法

坡葬法　佩葬法

比葬法　析葬法

横葬法　立葬法

併葬法　寄葬法

音葬法

第五章。納星辰之秀。而用法者。凡四

破葬法　速葬法

截葬法　肥葬法

第六章、納局之法。凡五。

培葬法　實葬法

架葬法　借葬法

攢葬法

第七章　避水之法。凡三。

合葬法　平葬法

徧葬法。

第八章　出殺之法。凡三▲

露葬法　屛葬法

衣葬法

第九章　取諸龍虎而立法者。凡九。

鑽葬法　翼葬法

壅葬法　圍葬法

凹葬法　伏葬法

曲葬法　閤葬法

闊葬法

第十章　取諸小明堂。而用法者。凡九。

注葬法　隱葬法

垗葬法　裁葬法

明葬法　制葬法

蓄葬法　清葬法

瀦葬法

第十一章　控制山川之法凡五

阻葬法　畱葬法

拎葬法　招葬法

席葬法

第十二章　打動龍神之法凡二

開葬法　鑿葬法

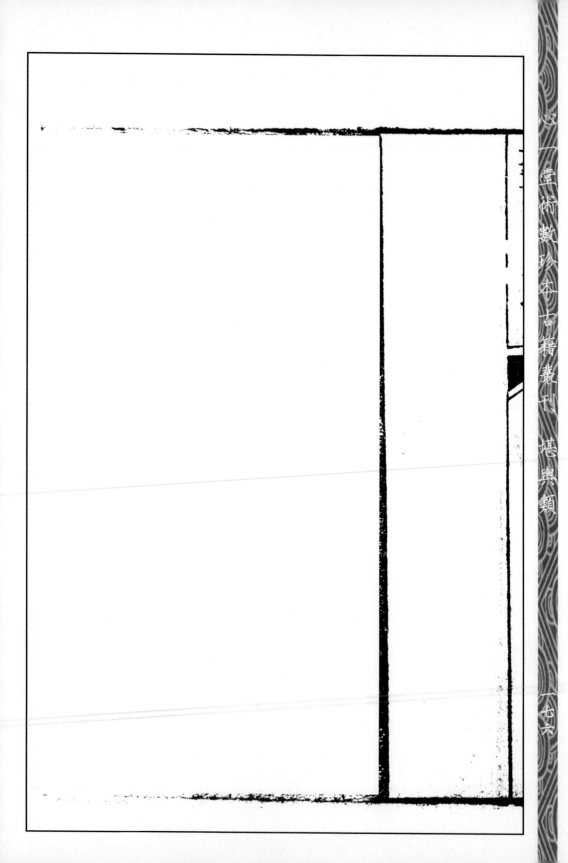

七十二葬法卷之一

賴太素著　永寧尹一句發義

葬者。乘生氣也。天地靈氣之鍾不齊。萬殊。而人事亦如之。豈得有常法乎。是法者、糟粕也。臭腐也。理者、神明也。神訢也。顯神明固不在糟粕。而舍糟粕更無以覓其神明。然則神明也。糟粕也。存乎其人。有其人。則能貫通乎法之中。更能湊。

化乎法之外。無其人。則人為地害者固多。而地為法害者尤多。乃知人存。則臭腐可化為神奇。人亡。則神奇亦化為臭腐。

一句子曰。葬法者。以法取其靈氣也。惟認得靈氣之所鍾。而以法取之。若不知靈氣為何物。而妄施法度。則人為地害。地為法害矣。苟非其人。道不虛行。先聖所以概歎於為政也。

第一章、審諸穴場之。體。段。而用法者。

凡四。

穴場生。氣。有大小淺深之不同。而葬法因之。其大小有相去什伯。淺深有相去尋尺。當相。其。體。段。消。息。始生氣。得。乘。而生。人。受。蔭。不、則乘死氣。夫。謂之與棄尸同。奚疑。

一句子曰、穴場大。宜大其羅圍。穴場小、宜小其塚堆。此常法也。所慎者、穴場大而死氣亦大。用大葬法以收之。得不為法受斃乎。吁、此難為不知者道也。楊公云、但逢死氣皆無取。棄而不用可也。

## 大葬法

生氣濶大。則靈氣之乘亦大。良由星辰高大。龍虎寬舒。而融結此濶大生氣。苟小葬

着眼

之則星辰龍虎內堂之靈氣所凝結者大。而穴小不足以收。則滿而溢於穴外矣。倘能返氣納骨耶。　大者、大其羅圈壕墻也。雖無定式。而大略權衡於十尋五尋間。

一句子曰、星辰高大。穴場窄狹。不宜用太葬法。龍虎寬舒。內堂遼遠。亦不宜用大葬法。大葬法止宜用於穴場寬。堂局濶。生氣多。處耳。

## 小葬法

生氣小。葬法亦宜小。而塚墓不出二尋一丈之間。蓋小穴。其星辰、龍虎、內堂。大都便小。亦有居於大。局之。中者必大局。中。又有微茫。小。局。在。故融結此穴。但有影無形。而心粗氣浮者。不能察耳。葬得其法。發福極快。苟失其法。則滯棺蟻水。而冷退絕丁。

一勺子曰、小葬法。惟形勢。微。茫。星辰融

嫩界合。低淺處宜之。若大作圓塚。天灵
斵損。生氣息矣。

淺葬法。

仰掌之脉氣輕清。而靈光凝。於土。皮鋤一
二尺。土色隹。五四尺下。便砂石矣。若置棺
於砂石之中。則泥水浸而骨黑爛。
一勺子曰。土淺處宜淺葬。但生氣聚處。
淺葬則易乘。發福極快。

深葬法

厚重之質。其氣深醸。平岡、上皆鬆散土。山壠、上皆砂石土。失之於浅。則白骨爛而不及於深。則未納盡其氣。僅小發而已。江北平岡。有深至數十丈。江南山壠。未有深至十丈者。而江南平岡。與江北。又大異也。

一勺子曰、江北土厚塵浮。宜深。然有土薄之所宜浅者。江南土薄潮多、宜浅。然又有土厚之處宜深者因穴制宜可也第二章、取諸四勢而用法者凡二垣局有大小則化工之寓有薄厚得其太鍾大福小鍾小福若氣不與棺相應造化何能相屬。一句子曰、氣與棺應四字可蔽書義余更愛其每章首篇詞義筆情之佳可咀可味。

厚葬法

厚葬者、塚墩土厚也。但局寬廣則氣寬須厚土以納之。薄則灵氣游而不宿。不宿、則棺內烏得有氣。江北平岡龍虎動經數十里。故深葬而不去其土。良有以也。

一勺子曰、藏若平岡者。應厚墩以蓄聚天和也。平岡難於蓄聚而易於抽攝。

薄葬法

垣局緊小。靈氣亦薄。須薄土以迎之。發越極快。但不耐久耳。若用厚土培坟。則氣僅凝於塚土。而不入於棺中。氣不入棺。何異鼠穴存金。

一勺子曰、藏於山、山谷者。宜薄堆以挡攔天。和也。山谷难於挧攔。而易於萃聚。

第三章。審諸生氣之質性而用法者。

凡十五。

天地交而萬物生。交者陽噓陰吸之際中和之境也。陽一噓而陰得承。陰一吸而陽得施。造化、惟一中。和者中之著。其賦於形質者。有其清其濁。其厚其薄。而剛柔強弱之病形焉者。兩儀之有象也。若夫默運於く穆之中。目所不能視。手所不能指。而實先天地而常存。後天地而固有者。太極之無形也。然太極之無形即在兩儀之有象處求之而交即見端於不交自可由不交以求其交中即隱於不中之中自可由不中以適其中得其交而陽噓陰吸之情當矣夫人之葬也豈真藏也云乎乃葬夫天地之交也葬夫天地之交之中也

一句子曰太極之無形即在兩儀之有象處求之而交即見端於不交之中中

即隱於不中之中。及葬夫。天。地。之。交。之。中也。等句。將形氣交姤處。一齊道破。故知非真地仙。不能著此。非正地學。亦不能洞徹此中妙處。

吞葬法

入首開窩大深平。太陽在內外太陰。陰陽相接有微凸。少陰之胎太陽凝。少陽之氣從陽入。聚氣恍如人吞物。穴体微小。不宜打破如損壞立見天槨四勢平夷若加塚圈於其上則氣乘風散而陽噓陰吸之情泯矣故用吞法葬之其法於微凸下穿一小孔洞將棺送入洞內以厚土封閉洞口外作假塋虛井與棺相值則內之出灵之氣由外之堂氣而凝如法則發福大而綿遠如明堂傾散不用

一勺子曰吞葬是返氣入內之良法也

葬法

内之山灵之氣。由外之堂氣而凝。以明堂蓄聚。不見水。流為主。如明堂傾散。必不可用。

吐葬法

太陰之脉峻且強。少舒太陽便成穴。要知胎自太陰成。雖經變化氣还急。葬法用吐氣始和。淺井放棺毋淺入。人吐元氣还對唇。聚氣俱從喉裡出。後岡劍脊化出陽氣小許雖已成穴而氣尚未相奏之則骨黒爛而速禍。離之則氣脫而冷退絕丁。氣不離棺。棺要得氣。棺氣相值。富貴始得。故以吐法葬之。其法有橫吐、直吐、斜吐、之不同。但以太陽旺處分葬。而截其上截之近太陰者。砌一空擴而下截稍鋤尺許。結壙置棺。與上空擴相連。則殺氣。和氣。而生氣換矣。大抵太陰之脉。必大舒陽氣。殺氣方盡。如

其不尔。則置棺於皮土之上。今見陽氣尚
少。而四勢又無容用載。故用吐也。必形体。
濶。大。穴塲寬。廣。土質深。臓。着。始可以。吐。法。
葬。之。不然、一塊猪羊肝石。吐之、禍生旦夕。
一勺子曰、氣不離棺。棺要得氣。當陰殺
已。息。陽氣加。來。處。乘。之。作虛壙。亦宜在
陰煞處。

斜葬法

穴場窄小。直葬則上下难容。生氣稍斜。故放棺亦斜。若直兩墉。或橫放其棺。不用斜法。非首受殺。則是就冷矣。橫必稍濶為善。一句子曰、生氣到時。至不能容一直棺。則穴場之短小可知。用斜法。則全棺俱入於生氣。之中。法奇。而理常。

## 唧葬法

花將放時，曰御蘂。氣雖發。尚未散。噓吸之情自聯然。神明若隱又若現。不觧但看人御物。重則入。口輕則脱。入首星辰。大開陽面。却横身俱淨而死。只有微微一点胎氣。此真穴。精。天。粹。之。極。妙。也。非至貴之地。極秀着不能有此。若進。就。一。點。之。中。則灵氣。破。而滿。棺。泥。水。雖去一。點。之外。則灵氣。脱。而冷。退。絶。下。却以御法葬之。御。與含不同。

含者含在口内。唧者唧在口边。半在口外。其法將棺半入脉内。半安脉外。不可用磚砌壙。即灰藥亦不可過厚。盖此一點真灵之。氣寸土即寸金也。倘用大磚結砌與打破何異。附烏樟樹葉。搗汁和灰。周棺三寸。許萬年不朽。

一勺子曰花蕊嫩秀。口鉗窄小。多用唧法。不宜損傷。毋庸培成。听其自然。

## 息葬法

星辰雄大。元武粗重。殺氣直奔。入於穴中。唇口、雖有一分之餘。生氣的居極旺之中。若不阻。却。其來。烏能冲。和。其止。息者、憩也。止也、休也。經曰、地氣行乎中。其行也、因地之勢。其聚也、因勢之止。又曰、宛而中蓄。然則葬也者。葬夫止也。今見主頂端嚴。龍虎抱衛。明堂朝对。俱佳。只是無頭粗重峻急。

而無止處故以息法葬之葢粗重峻急之氣經一息則稍憩矣粗重峻急之氣稍憩則殺氣休而生氣止矣其法於穴後大開平基將粗重之体裁成天輪形様以作近身葢氣復鑿一深大之井於葢氣之下而立穴於空壙之前培削相其形勢大抵息法與借法相同落坪之借不須息高山之息須用借而亦有不借者而深葬必無矣

一句子曰、空後餘土。以息其粗峻之惡氣也。亦急來。緩受。之意。

## 閃葬法

純陰不化渾身死。出身俱是貴格龍。端巧明堂不在中。巧拖閃法有神功。橫拖之勢可避踪。直就之情細研窮。閃者、躲避而復窺竊之意。乘頭孤曜。渾身之殺。犯其當頭。立主屠戮之禍。若龍真局備。則近身在右。

必有明堂。十分端乃。當就有堂一边立穴。然猶殺氣未盡。更以閉法葬之。其法挨實處作一空壙。不鋤寸土。或更培土。而與無脈處結井放棺。而壙並立。稍開一尺。而合塚為一。更於穴右。補出水星天輪形。則遍身之殺自出。而龍局之貴氣納矣。此等穴格。的主威權。倘穴則閉。而不以閉法葬之。雖貴而难免於刑。大抵閉之脈與吐之脈。

相似。吐真受。而閃旁竅。故異名也。閃之机與吐之机不同。吐以迎其吉。閃以避其凶。故異法也。二者俱剝氣脊龍。主損地師。當預定穴基。分金而去。不可見破土興工。升棺尤忌。

一句子曰、閃法以堂局為主。若堂局不真。須用息法。以脫陰煞。切不可閃。

浮葬法

天氣下降。要得地氣上升。降與升接。天得地交。不與地交。偏陽亢孤。何以不交。体厚之故。少陽之脉。氣本淺凝。乃天氣下降。而成者也。然必借地氣之上升。而後陽得陰吸。而交通。今若少陽之脉。而得厚重之形。則天氣降而地氣之升尚未和。不和、則天氣便不與地交。犯陽孤絕。往往有龍真局偏。而結少陽厚重之穴。本當奕世富貴。而僮小発而絶者。蓋因此也。欲得陰吸之情。必引其上。升之氣。故以浮法葬之。其法、深鑿金井。結空壙於底。而置棺於空壙之上。則地升氣而與天降之氣者接矣。出人秀穎。早登科第。勳垂竹帛。

一句子曰、空底以接其地氣之升。實棺於上。以受其天氣之降。由少陽之躰。不及太陽之力之重。而亞地於重厚之質。

不相宜屬太陽正卦也。少陽乃正卦之脈通也。即一卦通八卦之訣。

## 沉葬法

地氣上升。要得天氣下降。升與降接。地得天交。不與天交。偏陰雌孤。何以不交。勢勝之故。少陰之脈。脈氣本深藏。乃地氣上升。而成者也。然必借天氣之下降。而後陰得陽噓。而交通。故少陰之脈。多用闢開局面。作深大塚堂。倘畨諸四勢。而又高厚完固。則又不可闢。〈〈則陷而囚矣。若置棺於土皮之中。則氣從〈〈過。小發。而止。竟深葬則下。之生氣不受天陽。鬱結不得生氣。便為殺氣。至生人顛沛而絕。語云善葬者寧失之淺。毋失之深。正謂此種穴法也。欲盡地之力量。當以沉法葬之。其法深鑿金井。結壙置棺。再加空壙於上。實以納其地氣之

凡虛以接其天氣之降則生氣沖和而富
貴得矣往往見極大之地詢之俱係絕塚
者葬之不得其法也
一勺子曰況葬者上置空墉以接天和
是一大訣其法宜知然天地之間多戾
氣焉上設空墉反多速禍斷斷不可其
法亦宜知

虛葬法

峻極星辰落大坪。炁神瀰漫無棲止。龍眞局備造化全。細看明堂交合水。迴遶眞井以佳婦。大便留何交媾成。有等峻極星辰鋪出一塊大坪。而界水分明。元辰交合。此是太陰竟變太陽。乃擎天勳業之地。其穴、固在水交之上。而葬之、却成蟻水穴者、何哉。良以無夫婦則然耳。蓋太陽之結。地氣絕無。全是天氣之聚。故名氣穴。影穴。然一陰一陽之謂道。天下豈有無婦而夫爾者乎。
故必鑿一大井。淺深相其形勢。而結一大
壙。高丈許。廣數丈。再結小壙於中。以置棺。
而上下前後左右俱虛。使地氣之上升者。
得有所納。則天氣。自凝。而交。媾。成矣。
一勺子曰、陽坪闊太。不能收拾。視其龍
真局真。作一大壙。以鎮壓之。壙內復作
小壙。以放棺。則地氣上騰。天氣下降矣。

# 懸葬法

龍秀砂拔砂軟娟。外山外水特來會。入穴那堪是純陰。打去石尖懸法葬。女淋自然遇良人。陰煞潛消陽自降。懸法之葬埋元微。明堂須要十分奇。陰來陽受。此定之論也。乃有來龍、出身甚貴。入首星辰。背拔清秀。龍虎曲抱有情。且外局更水交山會。其為真氣之。聚無疑矣。及覗其穴所。上則巉巇陡峻下則鼠尾鎗頭吐葬立傷人口大凶閙葬則明堂不納灵氣不聚冷退絶丁當以懸法葬之其法將鼠尾鎗頭石塊盡行打去以吉土培作平基厚薄相其形勢而造壙石屋於平基之上棺用銅鍊懸掛於中六合俱懸空而不着實外封土成坟則隂殺僅侵石屋下脚而不及於棺天陽之氣得納而富貴得矣蓋純隂之穴純是砂

石每逢天雨則水從縫裡石縫中溜出所謂殺也懸則水不侵棺而殺出矣故有龍真穴的而穴塲是細砂者亦用懸法以避水也懸與虛相似而所施不同虛施於入穴之純陽而懸施於入穴之純陰故用虛者無碍於用懸而用懸者斷不可用虛懸以避水虛以注氣苟不細究其立法之義安能動收其用法之功

一分予目此穴全用人功補成亦盡人合天之意。非真知之。惡乎能之。苟不細究其立法之義。安能動收其用法之功信然。

通葬法

入穴生氣獨大。則獸滯而不靈動。雖龍虎元武與外之砂水甚秀甚貴。終出人粗蠢。而不發富貴。當以通法葬之。大開羅圍以半圈放棺。半圈深鑿一洞。用磚砌如壙樣。
以通其氣。棺在左、通其右。棺在右、通其左。
甚則左、右、俱通。更甚則通其後。通着、獄滯。
之。氣。使之。流行。通。明也。法與閉相似。而閉
以避其煞。通以行其氣。理與吐相似。而吐
用於氣之直。通用於氣之斜。
一句子曰、氣之不到着。以通法葬之。有
內通之巧。復有外通之妙。

## 從葬法

從者從也主居正位而門下從之則曰從脊生氣潤大宜大葬以收其氣若徒大其圈塚而棺不多則天罡之氣乃凝於塚而不入於棺終不發福且多阻滯故以從法葬之其法大造羅圈將正棺葬於的穴之處而左右背後多葬無嗣之棺以從之蓋從棺得氣則正棺之氣愈旺矣此等地脈

穆葬而有數十世富貴者亦以地氣潤大
葬者俱得生氣故也
一勺子曰一塚藏數棺比於信從者衆
有生氣自遠方來
鋤葬法
有大龍來西山拱衛入首跌斷特起成仰
高星辰勢上聚而不開戶然後龍跌斷特
起地氣盛由下而升上天氣下降而凝於

土皮。深不過五六尺。淺葬地氣不得接深
葬天氣不得納。若闢其頂而葬之。則造化
以來所凝之靈氣。盡闢而去之。甚為可惜。
且四山雖拱衛而稍遠。闢、則天氣散。而豈
能頓聚。初年必陷陰結之殺。故當以鋤法
葬之。其法、於山頂受穴處。太開其井。而結
壙。置棺、於平鋪樹木之上。壅土成墳。山頭
如舊。其井深數丈。至嫩石而止。將難朽之

木。橫直層鋪。墳平天井。葬後、日久。木漸朽爛。則塚與圈漸陷。四圍漸鋤去之。初年絀。天。氣。而地氣。未。嘗。不。升。豎後得地。氣。而。天。氣。亦凝結。而不散。葬後、袍笏滿床。簪纓奕世。萬不失一。形喝照天蠟燭。

一勺子曰、此法、是初葬受天氣。葬久受地氣之妙。但塌下時。宜勤加鋤去。兩邊。浮土。方免落陷。之嫌。書傳朱子曾祖母

葬金斗穴五星聚講處深開其井壓以巨石是先受地氣後收天和之法與此互相發明

## 隧葬法

龍氣深厚濶大淺則犯陽流之煞深葬而井小犯陰結之殺皆主凶當以隧法葬之其法大開金井深數十丈詐造石屋於下中具兩石槨蓋石平而棺擱於上理與通

相似。而通則淺而小。隧則深而大。法與懸略同。而懸則幽於地上。隧則入於地中。江北、平岡土厚水深。氣沉脈大。多用隧法。江南萬中之一。

一句子曰、隧葬可用於北。係土厚之處。而南、係湖海之地。不宜。

倒葬法

倒騎龍。湧泉受氣則穴居當脊。形體固懸

坦夷而質性尚屬剛硬無法以葬之一跌便瘟火而絕法當脚後與兩旁棺底俱砌一空壙以冲和其氣此穴當正脊之法也若稍有偏勝者止虛一壙於貼脉處掛鈎之結不當以倒騎論

一句子曰此倒是倒收其氣非倒騎其龍將倒騎龍作個榜樣

## 淺葬法

龍脉飽旺雄實葬後、多生瘟火刑戮。須以洩法葬之。其法、葬後擇一吉日。抽出棺木以洩其氣。甚者再抽一次。至第三次。然後葬真骨。始無凶禍。而永福。便法、將牛骨入壙中。初次牛骨黑如灰漆。二次、如灰白色。三次、漸有紅潤色。方可葬真骨。

一勺子曰、龍脉飽旺雄實。後宮閉塞面前氣來。有葬四五家、而俱受其凶者。

求有福者得氣。葬即發。亦是先將牛馬骨抽換之意。是有天焉。不可強也。

第四章　審諸穴場之生死而用法者。

凡十一

生氣之乘法多端。而承棺之八尺最切。蓋此八尺乃造化之所凝。而以骨乘之者也。其凝也固照方體之可擬。而要不出星辰五行之性與体段之質以察其剛柔厚薄之情。使八尺之棺。居於生氣之處。卽然生人受蔭。

丁竹子曰、八尺無定所。生氣無定在。必使棺居於八尺生氣之中。然後生人受蔭。夫生氣者。隨時轉移也。故夫知時務而達世勢者。方屬名師。

沿葬法

倒地水星。形體固已嫩小。而生氣仍知轉

皮。則穴在夾堅夾軟之處。濶氣多許。正葬

止一棺沖和。兩棺便有偏枯。故以沿法葬

之。浮者、乃循其氣而依之也。其法、將棺斜

放。更參差以接生氣。外則合塚立碑。以受

堂局。出人清秀聰明。少年發達。苟失其法。

難免瘋疲痼疾。孤寡僧道之患。

一句子曰、氣之小者、承之難。氣之大者

承之易。小巧不。宜。傷。殘。濶大最。宜。排。鋪。

## 頂葬法

倒地木星。鍬皮穴也。木體、渾身是硬。便渾身是死。若是真龍背面分明。其開面一邊。有木皮拖出。形如魚腹樣。正百死中之一生也。若單葬一棺。上下猶自有餘。正葬兩棺。左右便見不足。故以頂法葬之。其法、就生氣鑿一長井。兩棺一直而葬。頂者下棺之頭。頂上棺之腳也。須陽在下。而陰在上。

陽作塚而陰藏形蓋天氣重於地氣而男骨勝於女骨。故更有橫受鍬皮。或棺脚相頂。棺頭相頂。俱看生氣。

一勺子曰、生氣在一線之中。俱用頂葬法。固不僅一倒地木然也。但倒地木星。於直硬之中。得百死一生之穴。亦有不能作頂葬者。隨地取裁。因時制宜。可也。

坡葬法

有等平兩體。濶大瀰漫。如鋪氊展席之式。大則數百畝。次則百餘畝。小亦數十畝。四圍俱是界水蟠繞。此是平坡穴也。當認掌心窩中。但形體散漫。其的處、非目力所能測。法於秋夏之候。用礱糠徧晒。雨過、看糠聚處。聚非一處。以得局特異者為真穴。稍去浮土。五六寸。磚砌封墳。過二三年後。地氣升足。然後擇日進棺。形喝錦被藏珠。蓋

珠圓而走。遍四則往亦輕浮於外也。故名

一句子曰、平坡擇穴。此是一法。

佩葬法

入穴處。必邊厚邊薄。然後有生死動靜之分。而兼死接生之法。始得行焉。當脊受煞。此定論也。乃有真龍局備。而入穴却是中脊平分。略無偏勝之勢。而體又窄小。非旁穴結兩穴之格。故以佩法葬之。其法、於中脊。作準立圈。而置棺於圈之兩翮。將中脊空中。而結空壙於土皮之上。合塚成墳。以納堂局。主產社稷名邑。神靈血食。苟失其法。清鋒不免矣。佩、即佩玉佩帶之佩。垂於兩旁。亦淺露而不深藏之意。

一句子曰、當脊安棺。直受其殺。然佩於一邊。又恐堂氣有失。故用兩棺分佩。合塚成墳。以納堂氣。若堂氣偏於一边。作單佩法亦妙。

比葬法

有等窩穴。堂氣中正。而生氣止得一边。区葬、則犯冷。而偏葬、又堂局不合。棺內又無生氣。故以比法葬之。比、偏黨也。法將淵窩作圈。而置棺於有生氣處。其死氣處。砌一空壙。較實壙更深尺許。外則合塚。以接堂氣。發福極快。但富貴人。俱主偏生。

一勺子曰、氣偏、則主側室之子。余驗過千家墳。皆然。視納甲先天會後天之說。五相映証。並行不悖。

## 析葬法

書曰、厥民析。析者、形分散而情相合之謂。窩穴雖不甚大。又非藏車隱馬者比。則氣在。兩旁。而中。槽。冷。死。葬之必絕。故以析法葬之。將棺葬於兩旁。而中槽掘一大滿。濶三尺許。深五尺許。直通出與橫池相接。而以粗砂和灰填實。復用石板蓋。而結空壙於上。使陰殺從溝中滲出。則生氣旺矣。中空者。借天陽之光。消陰暗殺也。

一勺子曰、窩穴、兩边界水從中走。或中有泉竇滲流。故用析法。

橫葬者

橫者、腰受氣之穴也。立脉、吊息勢峻。直葬則。首。剛。而。是。冷。故橫放其棺。橫龍貼脊、亦然。眠体、斬旺氣潤。橫騎龍當脊者、亦然。一勺子曰挾水倚龍者。龍從腰入。亦是橫法。

## 立葬法

此葬石壁穴之法。大貴之龍。遊奔江湖之中。而開石壁。壁立難容立足者。然中有土縫。吞脚借倚。各葬俱不得。以立法葬之。立者棺直立也。形喝橫壁飛蛾。閫越陡山高崖。用瓶盛骨而葬。亦即此意。

一句子曰。立法止可用峻山陡嶺。穴情小巧之處。以穴石多土少也。近世以罐易棺。皆是立葬。當自知其非矣。

併葬法

拋地直珠。固衆大葬特小。衆小葬特大。或三台葬口。或两罙葬頸。然有等怪穴。大小不可據口頸無足遇當用併法葬之其法將中登交處立標上山認定靈氣以立穴將穴前亂堆挖去更開出一小明堂與前之中堂相應穴後將客土堆一大頂兩腳揜穴如天輪影樣則參形雜勢之殺出而金水之清不淆矣但遇此等怪穴須細心揣摸萬無完情方用此法不然佳地損於彫琢之手豈非造化之罪人

一勺子曰。要當以明堂龍虎來脈朝局俱真。方可於無可立穴之處。看定四應用之。

## 寄葬法

寄者。假托也。即寄物寄居之寄。不是營造之謂。大幹融結。件件貴徵。而穴場却是一石洞。寒久入洞。煖如火燠。法當置棺洞內。而以吉土封洞門。內不作壙。外不作塚。如寄跡然。故曰寄。

一寸子曰、龍止氣蓄。朝應遠大。結成石洞。貴不可言。

奇葬法

来龍入格。元武正直。左右龍虎明堂。界水分合。件件合法。乃落穴之處。是一水潭名為天池穴。法當葬於潭中。不用磚砌。不用土墙。得氣則水自乾。後水潭漲起。而屍變化而去。此等大地。固所稀有。亦所稀葬。而發富貴極速。

一句子曰、此等法度。雖深知龍穴之真的。亦不可葬。葬者、皆天也。有德也。其受與不受。非人所能為也。

第五章　納星。辰之。秀。而用法者。凡四氣之有。無。窮。諸。勢。山與水。交。不。交。也。氣之美惡貴賤。窮。諸。形。諸开形貌之靈。秀。與粗。

濁也。然靈秀與粗濁。固有本之先天。而後天無可挽者。亦有先天藏其体必假後天。以伸其用者。荆山之璞。非良工便不得為瑚璉之器。

一勺子曰。靈秀粗濁。先天之所以藏其體也。琢磨彫飾。後天之所以伸其用也。大璞非玉人不完。美穴非仙師不知。仙師之裁成乎天地。功比良工之琢磨天美玉。

破葬法

頑而星辰微有局勢。而不大開口。或是巒石皮。則難於下手。然窩之四勢。穴確在中。故以破法葬之。其法於受穴處。用工打開。栽成大窩。而葬其弦。收山者。必有佳土方真。收局者。不計其土色。盡此星辰。含蓄藴秀於中。爲重濁之質所蔽。如玉藏石中。必

破石而玉始見此非至貴之龍不能融聚倘蠻鑿無用之處則受禍最慘

一竹子曰無用用字有二解一是四應不翕必不可用一是形勢皆到時或不到亦不可用總屬蠻鑿

速葬法

須星穴抱在角大葬之法不可用何也穴在中則氣盛在旁則氣微大葬則生氣洩

乎故用速法葬之速即邀速之速實原有會去之意而主更速之使會也其法小開金井灰築成墳不用磚砌初年不宜放水及至得氣之後始可放水亦須淺潵小圈為是法與攢相似而攢用於穴之陽速用於穴之陰攢以避風速以納氣故法同而名異也初年不放水以骸不可傷也增土作圈便非速法

一勺子曰角土薄弱。形勢與氣數合來。棺落便發。稍使人功。即見傷殘。此速字即作葬功之容易解。

載葬法

載者、負也寓也。如舟之載物。舟與物本脈一。物而實相終始。有芽葩豔之質。靈光散露於外。不可鋤掘寸土。如倒地木星。微起節泡而穴於節泡之下者。如天財微窩。而窩心藏穴者俱不動寸土。不用磚砌。封土成墳。得法、則發福大而且久。

一句子曰、氣浮土面。勢成中聚。稍鑿寸土。便犯低濕之弊。如舟載物之喻。最確。

肥葬法

元武龍虎内堂。俱濶大寬厚。而穴基窄小。落頭。細爆。無法以葬之。則小發而絕。當以肥法作之。肥者厚重其落頭。廣增其穴基。

也。

一句子曰、穴基窄小不足以配四應。是謂賓強主弱。

第六章　葬局之法凡五

宇宙一太極。天者大圜也。合之統體一太極也。地之一物各具一太極。與天之統體一太極交則有氣。人之葬也。葬於天地交之中。則便成生氣。今之深葬者。

醫煖如火燠豈真地氣有來路乎亦盡
皆日月之照臨五星之纏次而聚之耳
往見以頂脉為得氣而葬之盡為絕塚
可笑
一介子曰全段仙語而云豈真地氣之
有來路乎亦皆日月五星之照臨纏次
而聚之耳非地仙何能道之

培葬法

平洋田壠俱培葬。亦陽來陰受也。使之隆然而起。愈高愈妙。然田壠掘寸則寸水。掘尺則尺水。勢不得不培。乃有山壠之穴。來龍入格。砂水會合。元武龍虎俱特異可愛。只入穴之處。渾是大石。當中氣起在何處。將竹竿立定。看水長水落。有多少高低。便於氣起之處立庄。與落水相平。庄上蓋石板。板上培土。較長水更高數尺。陶壙安棺。

壘土成墳。其水仍在庄下流去。其氣在庄上透入。然後發富貴綿遠。俗呼明珠出海。

又曰、平與合同一理、而何異法也。蓋水有必歸於此。而別無他洩者。則用合法。有勢歸於此。而尚有他道得洩者。則用平法。何也、阻於此。則水去於彼也。故當用合者。無碍於用平。而不必用平。當用平者。用合為患。而斷不可用合。

一勺子曰。其水仍在庄下流去。其氣在庄上透入。如此取氣。方取得真氣。作法驚人。恐非真仙不知。且非有福之家不能用也。

寔葬法

有等寬大空窩。絕無弦稜湧凸。此是純陽無陰。葬之則為蟻窟。若果龍真局備。當以實法葬之。其法略去浮土一二尺。將佳上准成一泡。上具化生腦。下具脣毡。則界合分明矣。然不可隨堆隨葬。以初堆土未堅。仍有水無氣也。實者、本虛窩。而使之實也。理與借相似。借用於陰之峻實用於陽之夷。借以補陽。實以補陰。故施功之有異也。

一勺子曰、龍真局備造化。而結穴處却係空窩。氣不蓄聚。堆土成一泡。上具化生腦。下具毡脣。則氣聚而穴不空。不空則寬矣。

## 架葬法

上聚之穴。高山深窩。却是石窟。四時流水不斷。當以架法葬之。法於石窟弦旁。立名柱築。諸四勢。非破露之格。亦用培法葬之。更有穴基本是佳土。築貴平基。只嫌龍虎太高。或大際。培葬、始出囚壓之殺。其法取佳土築實、平基。厚則三五尺。薄則五六寸。

而置棺於上。壘土成墳。發福極大極久。
一勺子曰、穴情低、而四勢高宜架。四畔
水流不斷、而穴中濕、更宜架。

借葬法

龍虎砂水俱貴、而元武峻瀉、無受穴處。立
穴於山上則陡、立穴於山下則濕、故以借
法葬之。法於受穴處、築成濶大平基、而葬
於平基之上。借者、借穴星以收堂局也。三

局俱有借。惟收襟之局。發稍遲。以順局也。
三停有借。而泥漿之穴。力更大。以低處也。
一勺子曰、借者、藉也。藉其力也。亦假也。
假其勢也。因思埋葬之事。無一而非借
也。借龍神以聚氣。借砂水以合力。借人
工以補天功。借天氣以施地用。借地力
以受天施。借死骨以蔭生人。知此者、然
後能知借。不然吾懼其借非所借而凶

禍頻來矣。

攢葬法

局甚佳、而聚處是一深窩。不可埋葬。以因窩故也。須以攢法作之於深窩處。培一深高之基。造一石屋。門可啓閉而棺閣於中。名為鄉堂。攢後、至人財大旺。百餘年加土封成墳。頓生災禍而絕。

一句子曰、攢葬、亦可以發福。但可施窩

之有氣處。今江南無處不攢。豈遍地盡成深窩乎。讀此、可以知誣。

## 第七章　避水之法、凡三。

葬必求穴中之有生氣、而氣與水不同途。有水則無氣。有氣則無水。故有龍眞局備、而穴場是水窟者、苟不避其水氣、何能納。若能避其水、何患不納氣。一句子曰、氣與水不同途一語。眞天仙化人之句。

## 合葬法

有穴場住水中。四時有氣起透天。是每月水中之氣。冲透合月宮。然水面一望無際。況又水深難葬。故以合法葬之。其法將土築起半月形。選擇每月初三後。至十四前。十二日內。擇吉日葬之。將天上半月合照。水中培起半月。共成一局。發大富貴而悠久。

一勺子曰。半月形。要用前半月日期。求
是一法

## 平葬法

有山水會合。而穴場住水中。四時氣透。將土培起。則氣便旁浮四散。故以平法葬之。看水作石墻。而以大石板。蓋扵石牆之上。前開一隙。令水仍流出。置棺石版之上。壘土成墳立催富貴。

一句子曰、於氣到[redacted]處用平法以收氣。用

石柱開隙以泝水。氣與水不同途。一土

一下。兩不相妨。

漏葬法

地有兩脈相合。而龍居中者。形喝玉箸錐

饅頭。圓以形狀名。亦以力之。所到在此。而

處。也。然竟造墳於中。後面水無出處。當以

漏法葬之。於要穴處。造一溝在下。上以石版盖之。然後填基砌壙而成墳。使從溝中隱於潢池。則二龍之氣自凝。如規模宏大者。用石版砌成橋。高大可容人出入。非欲其水之去速而然也。亦以消其陰濕之煞耳。二龍五龍合氣穴。並依此法。

一句子曰、此水號人中水。要作法清出。不可使之直。流直流則氣分。而兩氣不

合又名分户水極凶

第八章　出殺之法凡三

宇宙無他生與殺而已地道生機人道殺機天道無之出身加民而用生用殺者皆天也地也者承天以生人以為天者也故有生氣隨有殺氣而得其生者自生得其殺者自殺而出乎殺之上自能役殺入乎殺之中自能受殺今觀六

合之內。何莫而不相傳擊無弁者乎。乃知生之殺之。亦宇宙自然之氣也。若曰、神珍鬼秘。以待有福。造化亦何心哉。一勺子曰、此章可作一篇典謨文字讀。地書中。鮮此筆力者。出乎殺之。上自能。役。殺。入乎殺。之。中。自然。受。殺。非真知一元。大。極。者。不能。道。

露葬法

有等大地穴場是塊巒石縱工深鑿並無寸土。法當於受穴處將頑石盡行鑿去。以抖其殺。天雨、則水從石縫中流出。所謂殺也。待天陽照臨。數年後陰殺消。而水自止。然後將吉土。培之。再數年、土堅實擇日葬之。此等地多是收水之結。而收山之結間有之。今人動曰鑿石逢土而葬。不知地真何必問土。若無地之處。而鑿石得土。亦可葬耶。

一勺子曰、余嘗謂總要地眞。何必論某是石是土。是黄土是黑土耶。若無地處。雖土具五色。亦屬無用。今得露法名論。益信前言之是。

屏葬法

屏者、逐之使去也。傳曰、屏諸四夷。不與同中國。凡見大地。龍局甚是可愛。而穴場甚多砂石則以屏法葬之。其法將砂石盡行撒去。而以吉土補足。必待數年。然後葬棺。使殺氣不侵。生氣自旺。

一勺子曰、於無可設施處。或主人窘迫。有屏法亦可。若於美不勝収之郡邑。有意用此。甚非所宜。

## 衣葬法

有龍穴甚佳。龍虎元武近案。或渾身是黑

予。纔極貴之地。凶徒之產。在所不免。若穴稟天地之正氣。而有此。則有刑戮之禍矣。欲去其殺。須揜其形。故以衣衣之。其法、將草蓋於石上。以極細黃泥薄鋪。累經兩過。以松子徧撒之。數年後。鬱然青翠。木蓮蒲子亦可。青石紫石。不必衣。

一勺子曰、已葬處宜衣。速用衣法以補救可也。若於未葬之時。思用衣法。亦可

以不必矣何也吉地方方有只需吾人之學問眼力以知之倘學問未到眼力未有不悞者

第九章　取諸龍虎而立法喻凡九

夫龍虎者上所以衛生氣下所以聚明堂即太極圖也欠缺不齊天工人其代之

一句子曰、上所以衛生氣是從輔弼兩宮說

下所以聚明堂。是從朝迎侍衛四字說。解得上下二字明白。則龍虎之情意得矣。

## 鑽葬法

小巧陽窩。當以鑽法葬之。深開金井。築土堅固。小起墳堆。何以故。以龍虎低也。語云藏車隱馬。不畏寒。藏隱二字。最有味。如實乎其陽窩。氣便游散。鑽者。鑽入於下也。亦彌堅之意必上佳者是若一塊鬆砂鑽之必絶。

一句子曰低作穴以就龍虎使無孤露非舍本而求末實重主帥而調卒徒。

翼葬法

翼如羽翼之翼水木行龍到頭結穴借外山作龍虎以關堂氣本為佳地只是兩肩無蓋穴被風吹生氣便散雖龍真局備亦

不發福。將客土增起兩蟬翼砂。便得。此等穴。雖葬居、亦可加工。但久遠之墳。倘之無益。以骨被風吹。久則白爛。故也。

一句予曰、兩翼所以區衛中氣。中氣之雜亂。由於兩翼之無護。一重輔弼。一重福。輔弼重。重福。不輕。真氣之命脈在此。故已葬之地。兩翼殺來。亟宜補之。未葬之穴。不用之。亦可。

易敗一本作易敓

瘞葬法

龍格貴局勢秀砂水交只是入穴處是一片平石圓者如頰鼓長者如冬瓜竹筒無近身龍虎而又不容於裁窩用客土壅成小龍虎以護穴形喝飛龍嘯天蓋龍嘯則氣噴狀其不深藏也雲從龍狀其壅成龍虎以衛穴也又仰高穴故曰嘯天

一句子曰此葬穴易成易敗

圍葬法

有等大地在平洋處羅城甚是固密只嫌其無近身龍虎而大寬又無近身界合則周圍打牆以圍其氣凡圍三匝出入門路俱三奇之法

一勺子曰圍法北地下江多用之

凹葬法

結穴處或左或右有凹缺則賊風射入須

用凹法葬之。於當凹處砌一空壙。與正穴相連。淺深同之。更或入他骨於內。又於圈外堆一小山。以蔽其凹。則房分均而福力大。

一句子曰、凹得祥風福須臻。煞風決立至。雖作一空壙入。他骨。亦終無用。

## 伏葬法

龍虎貴相讓。鬭便不佳。然可以人力伏之。

其法有二。一則削平之。便無關射之形。一則聯爲一。內堂蓄水。從左右九曲放之。稍礴拳者。更於壩上造屋聯之。若南離之向。而高礴拳。亦無可如何也。

一勾子曰、伏者、降伏也。降龍伏虎。以消其凶。

曲葬法

龍虎要曲。曲則有明堂。有交媾。財祿方裕。

倘兩臂直出。極大之地。亦衣食艱難。雖鄉

得福。山壠無可施工。平岡平洋。掘之使曲。

可也。

一勺子曰直砂有飛走之態。曲體有環

護之意。故直者使曲。則護穴得力。

閤葬法

下砂不足。而用人工補出。謂之閤。閤之義

即陰吸之情也。非下手寬而僅築埂閉塞

之也。

一句子曰、俗術止知補下砂。亦知陰吸之妙否。

闢葬法

上砂有餘。而用人工掘去。謂之闢。闢之義。即陽噓之情。也。非嫌其砂之順水而去也。

一句子曰開陽之處。要得天和。候開幽闢。立主災禍。

第十章 取諸穴前之小明堂而用法

若凡九

穴前小明堂與穴內生氣相表裡所謂外接堂氣者卽橫此小明堂之氣也地固有龍真穴的而近取元辰不交者終少年阻滯衣食艱難語云山管人丁水管財祿然有明堂而無毬簷幷得其法亦主旺下有毬簷而無明堂法無可施

者。雖是大富貴之地。亦主衣食艱難。又離鄉發福。則知堂氣勝於生氣。

一句子曰、堂稱三陽。而小明堂之陽尤重。以其猶聚元辰乳計也。非堂氣之勝於生氣以生。生氣到處。無堂氣則不止耳。

注葬法

龍勢濶大寬平。元辰交遠。立穴於盡處。則氣薄。立穴於氣旺之處。則龍氣不佳。故以注法葬之。其法於氣旺立穴而於穴前開一小明堂用石築砌。或方或員。大倍於穴。較井深一二尺。將穴兩旁。裁出微茫蝦鬚水以會之。擇吉方放出。或只引一邊近身。而界水灣環穴前。流下手而去。復以薄石板蓋其深堂。使外視與金井底磚相平。而石下虛空。注水流通。無非脈遇水止之意。

一句子曰、此訣可用於腦後。作後蔭。而

發福最快。俗術專用之於穴前。以壯觀美。不明宜忌。一概用之。倘不得其宜。災禍立見。

## 隱葬法

龍脈到頭。氣旺已止。而餘氣尚去。注水之處。堂局極佳。立穴於氣旺之處。棄其堂則可惜。立穴於受堂之處。脫其旺氣。更不是。故以隱法葬之。其法於氣旺處立穴放棺。

不起墳、堂。於受堂處作一假墳、放。水立碑。亦生氣貫棺不貫塚。山水朝塚不朝屍之意。

一句子曰貫棺朝塚二句。即內。接。生。氣。外受。朝。堂。之。旨。耳。意。顛倒而詞怪僻。

兜葬法

穴有傾瀉。則。勢。便。不。止。不止、則氣。便。不。聚。主傷小口。而艱於衣食。法當於數文前。堆

一小案或眠弓或蛾眉或玉尺隨其五行
及形勢作之可救其失
一勺子曰此法俗多用之

裁葬法

元武嘴長高處裁宜剪去其火嘴所謂剪
火擲金也曰裁者不獨以掘去為義有增
之減之裁成輔相之意
一勺子曰龍真穴的砂有瑕疵可以裁

配龍局不真裁之無益

明堂法

明堂固貴團聚尤貴舒暢若團聚而不舒暢則頑蠢瞽目衣食艱難法當於穴前水聚處開一深池則光明軒豁始富貴文秀無不如意

一勺子曰開池之法止可用於正局而下可用於零局零局開池反見禍害

制葬法

貫龍結穴。鋪出裀褥。成平地火星。或二三。或四五。此是貴秀所鍾。裁之固非。然終為災利之殺。聽之、亦初年欠利。法當於穴前開一方堂。引隨龍水會之。注水五六寸。以工擇吉方出水。蓋內堂明淨。則外之災利。為權。柄。制者、制伏其災煞也。

一白子曰、開池以消災利之煞。亦是一下

法然不可執此以爲典要也

蓄葬法

元辰直出固無害真龍之結若外堂寬曠而内堂又直出終爲美玉之瑕故築墻蓄水以聚其氣發越極快

一句子曰元辰直出無害真龍之美實見道之言外堂寬曠内堂又直出終爲美玉之瑕補足尤爲得力

清葬法

有等大地。入穴、是一片牛皮。細審之、則兩旁有微、分、龍虎。中有微、起、脉氣。只因口中、腮中。浮而大多。故难入目也。清其界水明堂。則穴内生氣自旺。形喝撲螺梨花。有生死動靜之義。

一勺子曰、即雕出龍虎之法。因其自然而施之。

潴葬法

一泓箭射之是孤寒倘龍真穴的宜鑿一大池潴之蓋水得潴則直射之水煞脫矣大江洋潮不謂之冲正以形闊則煞散也

一勺子曰水直形凶潴之則直化

第十一章　控制山川之流凡五

經曰氣之盛雖流行而其餘者猶有止則地固不在窮盡處也雖零散而其深

者猶有聚則生氣全以蘊蓄而聚也又
曰在天成象在地成形而人遇之則成
事則知吉凶善惡皆有預定而大醇小
疵者亦可以人力脩之而不使嘆世界
之缺陷也
一句予曰大醇小疵者可用人力以脩
之大禹平水土而地平女媧煉石補天
而天成天地且可用人力以補之而況

區區之小病乎。惟小病可用大禹女媧之力。若大病、則亦難乎其為功矣。

## 阳葬法

龍已結穴。而餘氣復去。似乎脚重身輕法。於去山不止處。深鑿溝井。使山去之形有止蓄之意。則氣亦止。蓋形止則氣止。形行則氣行。豈真有路以穿去乎。有以大塊砂石枯炭。填實滿井者。俗見也。

一勺子曰。鑿五井以止龍。亦是此法。但龍之去勢若大。雖鑿無益。聽其自然可也。蓋不可斷鑿地力。以犯造物所忌。

留葬法

龍有穴真而去山不相回顧。則破其反面。堆其鉤脚。使去山有衛我之情。則妻孥無抅劳之病。留與阻多用於鬼劫之龍。而去勢重者用留。輕者用阻。留則高堆剛埂阻

剔深鑿溝井

一勺子曰堆其鈎脚使去山 有傍我之情用之最然栽培地力補滿穴情人立勝天工

拚葬法

拚不善而措善也亦遮塞也有凶煞惡水或種樹造屋亭臺拚之

一勺子曰已塟後吉地或氣吉轉凶水

吉戀煞不可不捨須此知法非為小人
捨過正為君子著想保全善人端賴仙
訣其造福於君子實多也即仙家避劫
意

## 招葬法

招著導之使来也有吉水而不入口則鑿
去攔阻而使之到堂有秀砂而不顯出則
削却障蔽而使之昭明常有近案醜而遠

朝秀者側乎其近案面是皈近處之頭面亦以招遠方之秀氣

一句子曰、招與撰異用而同功招其美固吉撰其惡、則亦吉

## 席葬法

經曰、川岳鍾靈產豪餘秀山川聚氣發富發貴乃知富貴豪傑之家俱由山川秀氣所聚而得之也有等大地山圍水會而受

穴處闊大渺漫則靈氣亦遊散而無的聚之處如用虛圍疊壅等法葬之俱不發越以無真明堂故也當以席法作之於大穴前開一小明堂而旁開微茫蝦鬚水會之其外原基即作近身龍虎本案富貴便得席即遮席之席厭以會聚佳賓好友之囮也法與注相似但注以止氣席以邀局理與招相似而招則去濁迎清席則作主迎

客。此多在山岡騎龍成平面星辰。而近身無龍虎內堂。只是龍真局僞。是以知爲真結也。造化元机。出於作者之手。非聖人而能若是乎。

一句子曰、席者、有其地而無九無座也設九設座則客之來即主之迎。所謂主人有禮客尊貴者。

## 第十二章　打動龍神之法凡二

陵谷変遷。山川改色。固天運之開通乎。亦人力為之也。雖天氣動於上。而人為應之。有莫知所以然而然者。若神明之師。則能迎天運而佐之。蓋天運到。人力至。人力盡。天運開。天乎人乎。其相需而並列者乎。

一句子曰、天氣動於上。而人為應於下。神明之師。能於天氣之動處。而以人為應之。非憑空設撰。只元空提定。

## 開葬法

萬仞山巔。窮源僻塢。荒邱大塚。突兀稀少。則靈氣為草木蒙澤所蔽。雖有佳地。葬之不發。開者、開其境。界。而使之通明。也。法當於深秋久旱之時。縱火烈焚。然後以人力開之。使陽光照臨。陰暗潛消。富貴自得。

一句子曰、斬草以發其光華。

著眼

鑿葬法

水為山之神每見其方泉源多出則繁盛積泉乾竭則消索故水靈山亦靈水滯山亦滯卜地首嘗泉信不誣也而打動龍神以鑿泉為首務如金陵疏秦淮而王霸基吳山開六井而人文濟盛閩越人才文明亦如之故知龍真穴的而近地無泉者當於必祖跌峽受胎之處左右各開一池始

龍神靈動葬之發福。不然、橫禍立生。是以
欲免災禍。當疏泉流。
一句子曰、疏泉。則引其氣來。
賴公葬法終

嘉慶元年新鐫

尹一勺著

# 地理精語

簡峰石室藏板

小引

記與一刀子試棘闈時。既工文襲子長。詩喜青蓮。書臨右軍。率更兩家。心竊異之。然性好山水。又膂力過人。其後與雄嘗。與衆異矣。後

小亭簡明疎爽
文氣最高

遇異人。指示先機。得傳其業。乃
則雜五六輩小兒中。踏戳山岩
倦色。又大異於昔時何也。山川
能移人性情。宜乎聖語哉。

萬頃洪濤題

自叙

地以理名。亦吾儒致知一事。夫此理也。有至當不易之定體。有隨時變易之妙用。地道也。易道也。先天河圖。易之至當不易之理。而地法以先天河圖為體。後天洛書。易之隨時變易之妙。而地法以後天洛書為用。何以言之。天高在上。地低在下。日出於東。月生於西。風從天下。雷從地起。西北多山。東南多水。自有

緒言

宇宙。而此理、未嘗一毫變易。正天地之大經。立人道之極則。三綱五常。百世可知者也。天一地二。天三地四。陽奇陰耦。自有天地而此數、未嘗一毫錯亂。正冬春之憲書。定晝夜之晷刻。千歲日至。可坐而致者也。此理與數之大宗。經也。常也。地法之精。巒頭精形勢者。近是。後天以老陽老陰退處西北。而長子用事。長女代母。家人父子皆聽命焉。洛書以二四

# 精理名言

六八居四隅。以一九三七居四正。以五居中。十則隱而不見。却處處有一十在。亦理與數之大宗。精也變也。地法之精。理氣精天星者。近是。然而以守經行權。權仍不出經之外。以達變通常。常即具變之。則先天已具後天之理。後天皆明先天。先天之用。一而二也。河圖全備洛書之數。洛書即用河圖。河圖之數。二而一也。易曰。剛柔相摩。八卦相盪。又曰。裁成天地之道。

輔相天地之宜又曰數往者順知來者逆是
故易逆數也知此者可與讀易而巒頭天星
形勢理氣特其一端一端者何術以察於地
理也嘉慶癸亥年丙辰季冬月一句子書於吉
州之玉筍峰下

# 地理精語目錄

精語四卷。特從形勢上指出龍穴砂水意態性情語簡而確。義精而深。又復細加評別。豁人眼目。蓋形家者流必認得山川真面目。而後以理以數推論吉凶方成體用。無全學問世之尊講理氣者不從形勢上仔細區別所以指吉語凶多不對證而始懵然於理氣之不準不知非理氣之不準。

乃瞳子之不的耳。若瞳子既的，理數一毫不差。余方欲將形理氣數四訣災梨。但思形勢之意態性情，更為要緊。因先從形勢始。

第一卷、論龍。

第二卷、論穴。附葬法作法

第三卷、論砂。

第四卷、論水。

一辨居奇射利。

世有有學問而無人品者。亦有有人品而無學問者。有人品而無學問者。其害猶小。有學問而無人品。則其害不可勝言矣。所以仙師授受。匪人不傳。良有以也。嘗慨六經大旨。昭如日星。古聖先賢。亦何惜此區區小道。而不明筆之於書。以正天下之偽乎。蓋人間獲富。獲貴。之機。上天時予時奪。

之權豪俠敎雄窃司其轉移之柄其不為邪說以誤人居奇以射利者幾希矣一句此論誠願為有學問者端人品也若全無學問全無人品公然訣記鬼靈日宗斗首以遨人酒肉財帛者可以不辨然又有一等亦似有學問亦似有人品口不言錢深得取錢之秘舌宗正道陰用邪道之神不忠不良之子遭逢此輩固為所得深慮者

友之家。一遇此輩、則慼然矣。或曰地師偽術。誠所當辨。東家請求、亦何必察察也。一句子怫然曰。大富大貴。大德者受用。小富小貴。小德宜當。人於其間。安作禍福。安能免明明責譴乎。且身發遺殃。目剌土神。古師明証。可不慎與。

三問賢東

一問孝敬父母

一問友愛兄弟

一問心地忠良

一句子屢躓棘闈。遭時不偶。堪輿家言。
所夙好也。毎遇賢友。傾心講求。接明師。
執贄請業。而且奇書搜討。迄已閉戶廿年。
古跡登臨。不憚跋涉千里。寓目卽心囫形

察理。授受有傳。對證有據。今則一奚一囊。欲探嶽峯之高。涉海水之深。間遇孝友忠良。能齎二三日餱糧。陰陽二宅。亦為指示吉凶。告以趨避。人苟反是。雖與之千金。弗顧也。

三辨良師。

一辨學問人品。

一辨宗正闢邪。

以下要着眼

# 地理精語一卷

一句有本氏著

## 論龍十要

一句子曰龍法十要者乃地理之切要必要而斷不可少者脉曰要得氣曰要乘意曰要識淂乘識三等最宜精察果能得脉果能乘氣果能識意則變氣鍾靈陽和毓秀用収山出煞插穴裁砂法方准地大必

青吾

龍

定。大發。地小必定。小發。乃百發百驗之捷訣。其不驗者。乃不能得。不能葬。不能識。則冷氣名災。陰煞致凶。從此得出。出得煞。亦無用。地大必定之大凶。地小必定之小凶。大地何以有凶。以不識脉意氣也。雖得真穴。亦必大凶。此實珠火坑。差在毫釐。不可不辨。卷內揭此三條。頗有萬古開羣蒙之迷。天下孝子慈孫。遵此注而獲安先禰。後者當

總心會其情形

嚴微露點年三復斯編龍変要詳。而後陰陽有分。古人以有変、化者、謂之龍、神無変化謂之荒山。龍勢要知。而後強弱有別。察衰旺。知休咎。龍星要看。而正穴怪穴可點。有頭腦有主宰。龍咽要察。而橫受直受可扦。有來歷有根苗。易下手了。要詳龍峽即具結作之理。可以預知穴法。要論龍格實為氣脈之根。審輕重。知去取。他若祖宗父

青囊

# 龍法要傳

毋從而無當。枝幹傳變。近而鮮實。此卷概不言及。非忽之也。發福古地。多不在此講究。果能盡此九要。言約而精。不特一切說巒頭、說天星之書。汗牛充棟。虛文無益。即歷來口傳心授。杖法葬法。皆屬贅語。獨於龍法。則曰要傳。蓋此法、必待口傳乃真。然而天律有禁。欲言不敢。上九要、乃俯察之功。獨此一條、非傳不知。

細看

細軟活動、清和朗潤、方是真龍脈。

第一要得龍脉

穴頂一線之脉。穴頂二字、極精。要知脉在穴頂。非山頂。若在山頂下来。則名貫頂脉、極凶。如絲如帶。若隱若現。滴入穴中。似湯中浮麵。若水面蜘蛛。當細細辨認。有細軟之致。有活動之趣。粗硬死蠢者非。有清和之象。有朗潤之色。濁雜暗澀者、非。此等處、惟多臨仙跡考其應驗。方知真諦。立視穴場。止可默喩。此真

陽和氣最
貴最吉

龍也。此龍、方是真的。諸書、徒講後龍蓋幛飛蛾。龍樓鳳閣。說得異樣工緻。不能如上所言。全無脉脊到穴。總虛語耳。凡新舊墳有此則脉到脉真。方能發福。無此則假。

第二要乘龍氣。

穴中陽和。之氣。陽和兩字、着眼。若陰煞便無氣了。更得天空生旺氣、速發。如覆上有蓋氣。如仰。下有承氣。生氣融結。一字一珠。若荷葉

上露珠一滴。羅維稍起圓輪。稍起二字宜思
葉底倒現精光。現光則氣在。如金盤中夜光
半顆。聯環高出擁護。高出字、宜留意。盤內止
露晶瑩。露晶則氣在。此真氣也。無氣方是真
的。
凡新舊墳有此。則氣到氣真。無此則假。

第三要識龍意。

得稟龍意棲。風藏了。得水龍意止。水交了、逢
陽龍意生。有氣了、前後左右。有案員方。端嶷


曰

上三條俱宜細心看

秀麗之砂。而龍意佳。砂明了、此真意也。諸地書、於龍之意態性情、每每不講究、凡閱地見此、則意佳意真。方能發福。無此則假。

上三條、乃葬乘生氣之旨。從來俱未明白說出。所以身業此道者。步龍則走遍山川。真偽莫辨。點穴則溷迷心目。禍福無定。今日切實指破。不用煩詞。不作與語。而且逐字剖晰。盡屬庸言庸理。實具妙道。慎勿忽

# 宜細看

其淺近而忽之。

第四要審龍變。

高山瀉下平洋。高变低、平陽忽生突泡。低變高、老條抽出嫩枝。老變少、嫩脉度過美峯。少變老、窩中生乳。乳內開窩。陽变陰、陰變陽、龍來脉湊穴逢空處、偏落實。実变虚、局結中正脉在脇角穿來。斜變正、至若肥中取瘦、緩處取緊、飢內包飽、靜中有動、意態百端、不離陰陽

生生陰生陽陽生陰變化萬殊總取剛柔摩盪剛柔相摩八卦相盪略舉一二須人自悟凡閱地見此乃真陰真陽媾精會合方能發福無此則假

第五要知龍勢

生、強、順、進、旺、平、伏此勢之吉者死、弱、退、衰、逆、懶、坦此勢之凶者

郭子曰三岡氣全星峯卓拔八方會勢氣局

圓滿前後擁護。有包裹、諸祥畢至。氣聚於局、此旺勢也。反是、則衰矣。

卜氏曰、兩邊者、活龍活蛇。有起伏低昂、爪牙枝腳、翻閃轉動。所忌者、死鰍死鱔。粗頑蠢硬、此可以得生死之辨矣。

廖氏云、雄是奔走勢力宏。形勢軒昂、力量盛大。擺折橫斷、斷勢雖健、少斷多過、徑出徑行、雌是瘦崚嶒。峻嶮嵯峨、浮骨露筋、此可得強、

細看

細會自得其真的妙用。

弱之解矣。

又云順是開睜向前往。主峯高大枝脚包抱有情。逆是反背去。星峯不正、枝脚反扯。進是龍身節節高。自高至低、由太至小、皆有次第、退是漸消條。龍低穴高、如踏碓樣、枝脚始短、終長。高卑失序、此可得順逆進退之辨矣。

楊氏曰、平地兩旁尋水勢有分合、兩旁界水是眞龍。有骨脊、平中一突更爲奇。有陰陽活動龍須求束氣有生意忽然入局口鉗開有局面兩水隔絕是龍息有止机此可得平伏之勢反是則懶坦矣此數段分辨真的然而旺與散相似以下又當分別強與怒相似生活與驚懼相似順勢與死氣相似進勢與頑蠢相似剖斷一有少差福禍自無可準要禍福準須仔細剖斷

旺者千枝百葉而彼讓此纏形如蜂屯蟻聚

星峯氣勢
端嚴是強
體勢巒頭倚
側是怒
着意看

散者千條百緒。而彼背此反。勢如散水頓珠。
纏護勢旺反背勢散。
強是良馬之騰踴。而星峯氣勢自端嚴怒如
猛虎之軼奔。而體勢巒頭多倚側端嚴倚側
四字描盡強怒之狀。
生活者。起伏蹯旋。而山朝水抱。驚惧者。走竄
拋露。而水返山逃。朝抱返逃四字。是生活驚
惧之眼。

細心分別。作用方有真的。

氣勢平伏者。如靜水之風生微浪。而吉在隱隱之中。形勢順坦者。若片氈之鋪張平地。而無高下之別。辨得清、

順勢如水之朝宗。星之拱北。而行度乎起。自要帖。竄勢如羊遺虎逐。花被風飄。而脈勢手脚自飛斜。要帖兩字、攝順勢之魄、飛斜兩字、鈎竄勢之魂、

進勢者、龍雖崔巍。而峰巒多有面。頑蠢者勢

雖雄偉。而星骵不開顏。有面開顏、是辨進勢顏蘊之眼。

凡尋龍知勢。則真假立決。方知去取。

## 第六要看龍星

權星。一方之有勢力者、尊星。一方之最尊貴者、構星。龍穴聚構、焰天火星。漲天水星。獻天、金星。冲天木星。擁好星、補天土星。土四星、先師多以天名之。蓋取其高出衆山。峯與天柱。

獨去未有以天名之者然能出類拔萃特陣
一方、亦似有補天之功、故此編、特加尊爵、以
配四星、此龍家。出。身。之。星。出身雖好、穴內要
用得着。方好、不然、如太祖太宗的富貴、衆子
孫都有分底、似人自已無本事、專把祖宗誇、
諸地書、反反覆七、總從此講來講去、似覺有
理、乃曰、有好祖宗、方生好兒孫、豈不聞堯舜
聖也。而有朱均。瞍鯀頑也。而育舜禹。且仕宦

之兒降為皁隸、田農之子、出為公卿、人道地道要皆一理。華表捍門、禽獸塞口、龜魚鎮戶、羅星收堂、俱好星、此龍來結局之星、要思何以能消受此、方好、不然、亦屬閒談、試看真龍結一美局、局內未必墳墳發福、要知發福之墳必能收拾此美局者、九腦芙蓉、五腦梅花、三台品字、仙橋大帳、樹柜倉庫、樓閣殿陛、俱好星、諸如此類、不可枚舉、盡屬好星、果能有

直木圓金方土尖火五星外又有九星九九變來有八十一星此龍來結穴之星此方是自家受用處今之所要看者正在結穴之星有坐立眠側之分總宜細心領取

之亦極難得此龍來行度之星曾見龍上有此星而葬下凶敗者龍上無此星而偏結大地者則又何說直木星圓金方土尖火曲水五星外又有九星九九變來有八十一星地理書多詳載俱宜細心辨認此龍來結穴之星此方是自家受用處最當想像情形餘之所要看者正在結穴之星有坐立眠側之分坐如人端坐不偏不倚立如人正立無歪無斜

眠如人眠倒、古人云、眠倒星辰竪起看、是也
側如人側坐、側立、側眠、兼三體。有正兼襯貼
之辨。正是正體星辰兼如金兼水之類、貼如
小金貼大土、襯如土腹襯金之類、今人講巒
頭。止講得坐正立三體。眠側間有人言之。至
於兼襯貼、獨唐國師何令通、形氣兼言之、最
親切、俱要蓋帳兩角微微展翅輪暈暈輪影極
暈、眼住穴場尋龍知此。則有了巒頭。穴可求。

細心看

第七要察龍咽

元樞經云咽猶鼓橐一呼一吸穴中取氣大關鍵龍有束咽若鼓鑄風箱管領山川穴內要接得此但束氣處宜緊不宜長短則氣聚長則氣散宜緊不宜寬緊則氣凝寬則氣冷宜小不宜大小則氣斂大則氣散宜活不宜硬活則氣靈硬則氣蠢或從左右穿針開斧前面結後順結入首擴宅要串緊此穴離咽

# 着意細看

不遠、乘受此穴離咽遠、要思作如何乘法如
何受法、至若預定之法二十有二。亦當恭看、
咽正則知入首處穴亦中正。咽斜則知入首
處穴亦偏斜。咽灣曲則知入首回顧。而穴邊
朝。咽角閃則知入首角濶。而穴傍取。咽緩長。
則知入首必緩長。而穴居於頂。咽短聚。則知入首
必短聚。而穴在乘近。咽低平術纖。則知入首
平穩。穴宜升高。咽峻急注下。則知入首卓立。

穴宜隆底若夫咽土穴亦土咽石穴亦石束咽陰盛大則知變陽結穴陽盛大則知變陰結穴過於雄飽則求蕩闢以清其氣見其殺強則喜多勢以分其威束咽處四山歸戀穴可截闢而斬之脈絡數濟穴於曲泡而撮之狹以而氣斂入首必穴陽處闊大而氣散入首必穴陰處總而言之生氣則結死氣則葬逢結而弱則入首必形衰氣絕此見來咽之

法。即知結穴之法矣。

第八要詳龍峽

峽者、龍神之跌斷、綿綿亘亘、忽然大斷、博換另起星峯、處也。張子微有二十峽格、蔡西山有五十九峽格、劉江東有六峽論、淺天机有四峽訣、各立名字、究亦難盡峽中情狀、要皆以中正脉出當心、扛護扛夾護從迎送來有迎、過有送、或遥送雙迎、或邊送邊迎、不受風

吹為準耳大緊有陰陽交接峽或陰過陽接
或陽過陰接緊峽氣緊而小闊峽氣闊而寬
蜂腰峽中細無脊鶴膝峽中長有泡穿田峽
高山落洋度水峽如龍蔭泉之類崩洪峽崩
山為崩共水為洪要覓生成之石跡日月峽
有太陰太陽乾卦峽或巨石排成或橫岡生
就王尺峽王字峽或土或石成形峽之名固
難案舉略文廸訣云峽偏峽正穴相因砂短

砂長機盡洩。高低融結此中知。與咽法同理、但咽過、脛而不、斷、峽大、斷而少聯、男女陰陽胎內別。峽中脉脊高起。前去必結乳窠。之穴。脉脊隱。隆。必結窩鉗。之穴。

## 第九要論龍。格。

梧桐格。節對坳勻、正、脉中正、荷葉格。雖不對節、却長短交互、均勻、魚蝦格。亦交互停勻、楊柳格。邊有邊無、捲簾殿試格。勢似垂簾、蜈蚣格。枝脚俱短節節均匀此格忌犯劍脊、業此道者宜慎之。水木蘆鞭格。倒地木、署帶儌停、大折大轉者非、三台格。有金木土三𣂏、蘆花三息格。橫側正三个、三息身、飛蛾格。金水合𣂏、寶蓋格。有頂有翅、串珠格。珠泡聯絡、聚講格。五星歸垣聚嶙連珠格。五星聯珠、格不勝述。然海内名墓、世族、有無此。而大發。者。有大寂在、有脩此、而敗絶者。有大寂在。盖真知寻

龍者。不遺此。亦不拘此。不知尋龍者。專講此

穴不解此。遺此不可。穴真用得着。力量更大。

專講此亦不可。即得真穴。用不着、空講無益。

其用法。即是大竅、非人不傳。

第十要傳龍法

龍法之不傳於世久矣。余閱青囊疑龍撼龍

玉髓。天玉內外傳。十數家。註解類多。不知真

傳。妄以私意強作解事。古仙著書之苦衷。竟

着眼此数者不可缺一

湮沒而不見也。悲夫。貪、巨、祿、文、廉、武、破、輔、弼
九星。白、黑、碧、綠、黃、白、赤、白、紫、九宮。子、父、財、官、
兄、弟、五事。上、中、下、三元氣運。日、月、水、火、木、金、
土、羅、計、炁、孛十一曜。角、井、斗、奎二十八宿。俱
從此辨。蓋此法乃地理中至精至微之妙理。
說破來、亦甚平常、古聖先賢。秘而不洩。屢屢
以說破。必遭天譴為戒。此秘能使人生。出富
出貴。亦能使人死。為貧為賤。古仙秘之。良由

控制山川。打動乾坤。全在乎是。以凡庸而竊
天地予奪之權。其所係。豈淺鮮哉。竊嘆中人
以下。走四方以求衣食者。思欲言禁以傳真
道。然非從大九要內。實實從眼中看出情形。
雖得心傳。亦不知安頓何處矣。
客有問曰。論龍必具大眼界。收數千數百
里山川。條分枝幹。取幾千幾萬里峯巒纏
別正從。蓋詳其來。方知其止也。今觀論龍。

九要總在穴場內外切近處細細區別似亦拘拘然未通於方也余听然曰若其知余論龍之意哉夫會天下之山聚天下之水者必為一京畿會一方之山聚一方之水者必為郡縣會一鄉之山聚一鄉之水者必為世家收一局之山聚一局之水者必為各墓郡縣非下士所敢知況京畿乎我輩以愚賤自安茲之所以講求止為名

脈者氣者一穴之
獨得格者星者
衆穴之同尊
推得脈為第一
為重本之論
上士得穴而勦龍
神明於法也

塟世家起見並不從龍星龍格說起何論
遠者大者欲以俗推之似非溯源之意不
知脈者氣者一穴之獨得格者星者衆穴
之同尊推得脈為第一乃重本之論以後
層次序列從近至遠於近則一毫不忽於遠
則大勢兼收廖公云人言有穴必有龍我言
有龍定有穴故上士得穴而勦龍神明於法
也下士步龍以點穴持循於法也然余見龍

之偽落偽結者反多真穴豈非以其能變化乎龍之正落正結者乃多花假蓋由於正而非真也今惟於穴之切近處講究亦惟見得此意又復恰合廖公之旨

龍卷終

# 地理精語二卷

一句有本氏著

## 論穴

一句子曰來龍如樹幹行度似枝葉其結穴則花木之果實也故善取木果者不問其樹幹之拂雲干霄與否枝葉之敷榮繁茂與否但見有果實而正值成熟時候則採之矣龍有龍運水有水運砂有砂運穴

有穴運運到時即成熟時候也尚不識大果為何物時時從樹幹枝葉妄作擬議吾想頭大且蓄有目未覩而剖幹傷枝以求頭果戕賊混沌罪由此輩為人扞穴多臨敗絕哀哉蓋開花結果雖不離乎樹幹枝葉世固有樹大幹聳而絕不結子者亦有枝稀葉踈而偏多結實者故上卷論龍總從落脈處詳其情狀並非舍枝幹以求果實

正欲觀果實以溯榦葉耳得脉乘氣以下九條要皆在結蒂處討消息耳結蒂處之消息既固則花果之或綻樹杪或吐榦旁或垂葉底或生枝間無非真結而此卷之正穴怪穴與葬法作法則竟將花樣繡出大語雖簡略其金針暗度之意願普天下孝子慈孫自領取焉

高鉗乳突

△正穴

# 窩穴△

△窩穴○穴星開口、凡四格○深窩○淺窩○闊窩○狹窩○皆以左右兩掬均勻、為正格、左右不同、為變格、其體有二○曰、張口窩○左右不交會、藏口窩○左右交會、四格之形○各有俯仰○不同○身俯、則須窩中微有乳○穴就乳脉、面仰則須窩中微有突○穴就突頂、凡開口穴○其靈光合聚○於中○有太極暈、餘氣分行○於外○○有毡唇、雌雄相顧○有陰陽、血脉交○通○有氣脉、惟要弦稜○伶○俐○兩

# 鉗穴

擱彎。抱。不然、則落槽偏陷。懶坦空凶。無脉無氣、無靈光、謂之虛窩、假窩。最宜詳辨、

鉗穴。穴星開脚、有五正格。直鉗。曲鉗。長鉗。短鉗。雙鉗。有三變格。曰仙宮。邊直邊曲、單提邊長邊短、疊指。邊單邊雙、八格各有二體。一是鉗。中。有微。乳。乃乳穴變來者、要兩邊界水明白。頂。頭。員。正。最忌乳頭粗硬、界水淋頭、脚下偏槽、左右折陷、元辰直長、一是鉗。中。有微窩。

# 乳穴

乃高穴變來者、要弦稜明白，忌落槽貫頂、凡開脚之穴，靈光向内，而潛藏，餘氣貼身，而護衛，頂上端員、鉗中氣聚、弓脚必須逆水，單股最宜彎鉤，否則案不横攔，水必傾瀉，謂之假鉗虚鉗，最宜詳審、

乳穴，穴星兩臂中間垂者、有四正格，長乳短乳，大乳小乳，有二變格，曰雙垂乳，三垂乳，六格、各有二體，一是左右兩臂弓抱紐會，一是

左右兩臂。弓抱不紐會。蓋乳穴最忌缺露。四折、故必有兩臂衛區、方為真的、六格之形不一。各有俯仰不同。身、俯則須脫。煞就粘。面、仰又宜湊。毬接。脉。身俯陰也面仰陽也脫煞接脉在此分。別。凡穴皆然。凡垂乳之穴。生氣凝。聚而下。垂靈光發露。兩外見最喜兩宮俱到一乳正中。圈中。舒陽四字要緊、乳上光圓。正中光員者、是垂乳、突露斜曲者、是山脚大忌矣、

# 突穴

總訣

飽臃腫峻急粗硬八字當一字一讀凡穴皆忌兩臂無情不吉空缺風射大凶謂之凶乳務須詳辨

突穴星暈平軟中起者形如雞心魚泡鵝卵龍珠旋螺覆釜覆杓之類有二正格大突小突二變格雙突三突在高山必須左右環抱忌孤露受風在平洋要界水明白來脈分曉左右或田勘高起或洲渚隱顯穴中風藏究

着眼

着眼

前水聚。曾見起穴亢不藏風而貧絕者多多。古人平洋不怕風特欺人語耳不如無書地理書盡不可盡信也具此見識不為古所愚方許讀地理書。大要穴面光圓形体端嚴高山亦要得水穴前有掌心窩即水古云高山山不用水指外潮言若高山無掌心則祿不聚主清貴平洋要宜藏風左右得田旱擁護或小堆照佳更吉亦有穴泡為行龍引脉水口羅星。閑峽堆阜。龍神倉庫。山脚餘氣。水中印墩。以及形之圓方直曲橫者。務須詳辨、或前後。左右。砂見面。龍水聚。亦可扦穴。此句得細心記之

點穴太閑竅。

怪穴

邊高有高之弦稜、欠缺一邊邊者、窩中最宜淺狹。平坦。藏聚。有情。四方迎。拱。欠缺邊更要驗夾、此穴多出高山。為仰高之体。

並窩穴。一星而有數窩也。有兩窩、可下兩穴。三窩可下三穴。要窩中圓淨弦稜明白。

分鉗穴。開口結穴、而兩鉗分向左右、要鉗中藏聚。穴中不見兩邊分飛之勢。下有毡唇。堺外護包裹生氣融結。若見左右分飛之勢。又無包抱。死氣致凶、穴下落槽界水淋頭、便非真結。

合鉗穴。乃龍脈已盡、星辰已止、而總會處峽硬無穴，鉗中又無微乳微窩，氣融在下。兩鉗收處，中間合聚成穴，微有突泡，如鉗之鉗物。俗呼玉筋夾饅頭形，恰肖。最要毬唇圓整，夾耳有砂，曜氣證應，人中水出清，氣從兩鉗而合。鉗中低處有水，如人鼻孔下人中樣。若鉗中大深，鉗口不收，毬唇不明，夾耳無砂，有一於此，則非真結。此穴要有夾耳砂，先輩多不論及，蓋穴在鉗嘴，無夾耳砂則寒。

# 脫頂

閃乳穴。乳從偏落閃在一旁。龍勢到此起頂。而中間粗硬斜曲無穴可下。正氣閃在一邊。乃以中腦為護衛。此穴最為難認。極宜乳頭光彩。兩掬有情。不粗不峻。方為合格。

側乳穴。乳從側落、偏於一傍、而不正之謂、蓋閃乳、猶在正頂下、側乃脫頂、最要局美。最要穴前一掬有情。外山湊集。交固。凡側高側鉗穴、類此。

青吾

鶻突穴。突泡微微起、不明之謂、穴星平面濶大。微有突泡。微有界水。粗看則無。細看方知其爲太極暈也。

併突穴。兩突相連。法當扞兩突交界之間。以其兩突合氣融聚在中。此穴至難認會。惟以兩虎爭肉形。想像騎龍脊上。有突泡過峽腰上有鶴膝。前面須得堂局。背後須得好山屏幾得之。

一本作弦上鉗稜明白

有高不葬窩穴似窩非窩無脈無氣堂局不整砂水不照其氣落在腕腕微微起泡似老蚌之吐珠然必要堂局砂水証應有情方為真的

有鉗不葬鉗穴鉗中低陷不結必就脈棄鉗而點蓋穴然要鉗上鉗稜明白此緩來急受挈高取穴

有乳不葬乳穴乳上直硬陰盛而不舒暢或

着眼怪穴多以四應取用方屬有據

不中不正。走竄他顧。從顧處點穴。亦可。以後。樂翻唇。左夾右照。聚氣藏風爲確。凡怪先多以四應。取用方屬有據。

有突不葬突穴。突上頑飽粗硬、不開口、不舒陽、然穴可立、看它龍神就其開面。堂局砂水、有情。伸頸如元龜伸頸。月角如明星伴月狀。用之。

捉月穴。取水中員泡、龍勢入水。左右皆到。以

着眼

證佐取用穴在水中要人立穴中力足以勝
水無飄蕩之嫌方妙
頑石穴郭子曰氣因土行而石山不可葬也
今乃山盡頑石鑿開用之以案正堂局緊
砂明水聚脉到氣止用人工打開頑石用之
怪甚
水中穴止於水水不得不葬於水猶止於石不
得不葬於石也山下有乾源潺窟天雨即注

中無泉竅用土大封荎堆水從兩邊流走平
地有池湖水窩池湖須有石跡水窩要看氣
脉用磚木石塊砌成是名法葬俱以山峙水
凝龍止氣煖精光吐露爲準
斬開穴於龍腰截氣以出脉處即成穴場有
堂局前去之砂回頭作朝左右龍虎身上生
峯頂頭星光照任一穴護衛俱出本身發福
極速且悠久

走珠穴。小墩是三五七个者是。一个者非、凶。
口面堂氣。包砂穿脉立穴。甚勿離脉、離則無
氣不発、
騎龍穴。山脊之上。四山。相讓、水聚。堂心。勢成。
巾。聚、随星辰立穴。或後坐向前。順騎、或前坐
向後。倒騎、或坐左向右。或坐右向左。左右騎、
最宜四山。端。拱。堂局。環。聚。假、則堂不聚氣。若
面前八字水分流、最忌、斜飛走竄、更凶、砂不

乘頭。垂頭砂、得一二峯、亦足、

御高穴。在山頂平面星辰、四圍。無缺。朝對。有

情。水不起。洩。勢。成。上聚。有一等堂內萬聚、夾

兩即注、天晴則涸、名御天池、又一等堂中有

水、四時不涸、名御天一。俱要近穴不擴不離

之。間。新坟遇此仕宦。進爵。平民獲福。

没泥穴。在田中心、田要高低大小相間。分嶺

界、水明白。外曬。周密。多名没泥蛙。田畔鰍藏

沙龜芽形。
漱石穴。山盡頑石。穴內有土。此穴最好。然要
得頂頭潤澤。無巉岩粗惡之像。
石占穴。穴在巨石下、龍勢既到。砂水拱照。穴
揚有巨石鎮塞。法當剖破此石。則穴成矣。此
種穴情大奇、又有樹占穴、亦然。或遇大風大
雨拔出。或古株朽爛。樵子掘鋤。蓋地運將見
以俟有德。

葬法

穴上宜乘金。而不可鬪煞。

穴上有毬。宜就毬以乘氣。然有脉来強硬雄直。穴用饒減放送。乃無氣冲腦散之弊。

脉来柔緩平和。立穴宜用吞縮接迎。[illegible]而又不可過於吞。過吞則破毬。亦犯氣冲腦散之弊。乘金開煞。文凡三折。總書此三義。方能乘金。方不開煞。下皆倣此。

穴下宜相水而不可犯冷。
穴下脣厚宜開唇以就祿。然有脉勢平緩。
宜吞入以取脉。不知入則氣脫氣脫則犯
冷矣。脉勢急直宜吐出以取穴。而又不可
過於吐。過吐則破簷。破簷則脫氣。氣脫亦
犯冷矣。

穴中宜接脉而不可離脉。
欲無斷脉之弊。上乘頂蓋。下看合襟。左右

辨牛角、蟬翼砂、蝦鬚蟹眼水。正中作穴。而弊可免矣。

穴前後左右。宜有好峰證應。而不可低缺。左邊護穴有情。穴居左。右邊照穴有情。穴居右。形勢一到。便緊〻挨去。若稍放鬆。便要脫氣。便不發福。即發亦甚淨緩。上四段乃地中。大竅。知得竅頭、〻是道。

元樞經云、葬脉不如葬氣。取葬氣為高手。

又云法葬之葬法在形裡會意之葬意在形表是葬影更高也然歷觀古蹟竟葬脈者發福最快最穩葬影雖高發乃遲而葬氣得氣旺者亦速星光照住為影此用前後段推左挨右以取穴者多犯脫氣病故發遲葬脈則穴場一定半步移動不得葬氣乃易移山頭以取旺氣貫穴果能合上四段葬法地不求發而自發矣故卷

# 脈法

內說脉說氣獨詳。而影則不敢談及。誠恐
貽悞。
廖氏云、脈音孤、乃腹上之臍、是也、與脈字不
同、像開井分四様。蓋粘并倚撞。脉緩用蓋。急
用粘、直倚、橫撞。尖脈是有脊暈中生、必陽微
凹。脉柔緩則用蓋法。從頂上扞之。脉剛急則
用粘法。在脉將盡未盡處扞之。却不可脫氣。
脉若直硬。則用倚法。倚左倚右。不可閑煞。

# 息法

若橫過則用撞法剛硬半撞乘和金撞橫龍須貼脊是也息像開井分四類斬截與平墜息短用斬長截當高形低墜藏息是再成形少陰微起息形若短則用斬法在盡將未盡處斬之有似乎粘但粘穴稍嫩而斬穴則老鱉也息形若長則用截法截去前段為餘氣息形若高四畔逼窄則扞其頂若帶起然所謂昂頭居龍首是也息形若低四畔平和則

# 窟法

扦其足若墜下然所謂露珠一滴垂葬尾是也窟像開井分四訣正求與架折窟狹用正濶用求深架淺折收窟是有高在平面老陽顯隱窟形狹小緊夾止容一二棺着正扦無疑若窟形寬濶中須有穴或正或偏必求其融結之穴扦之窟形狹小而窪深則底有水氣須用石或松或塼架起放棺其上窟若平淺又不狹小緊夾而真氣卻聚中間則堪

# 穴法

底用塼。布水。曲折。依法放水出去使壙中乾燥。穴。像開穴分四法。挨倚與斜偏。穴單用挨雙倚中。正斜偏撮同。穴是泡形現、老陰踢起、穴形員淨。單一金泡。視其生氣閃左則挨左。閃右則挨右。若穴形似雙、如蜊形。如钜杭、形。如兩犬交春形、兩頭員淨、則合併杆之。穴泡若正、則斜而挨之、穴形若偏、趨左趨右、則就趨勢插之、。蹾陷之處。與顯起之穴。明白易

粘訣

見惟少陽少陰之脈息相似更覓惟分而脈曰微臨息曰微起以微起註息微臨註脈方有分辨蓋息者一陰初生脈者一陽始復也

## 作法

尖外用蓋粘（脈法）倚撞斬截（息法）吊墜正求架（窟法）折挨併（挨法）斜插以及吞吐浮沉放送接迎綴就量抛諸法以取氣接脈葬法雖多不外取氣接脈四字尖外枧毬簷夾拱以注脈引氣作法雖多

不外法、脉引氣四字上員曰毬曰陜兜頭曰化生腦、皆毬暈上之名、下員曰、脣曰、下尖下合兜襟、唇毡皆毬簷下之名左右夾拱曰牛角蟬翼、蝦鬚金魚、皆左右薄砂淺水之名、大凡作推樹阡。立石修墻作。頂作。破頂。法當修頂、而不可打破金泡作、唇勿傷。唇。法當整唇、而勿傷唇凡明堂。左。右。山。為。財。而前交。會。水。為。祿。亦有打開唇口。以親堂氣。而就祿迎財者。栽、成、莫混塞。左右界水、宜修開、不宜堆塞、牛角蟬翼、宜栽成、不宜傷殘、或過、焉則栽其過。土有餘、當闢則闢、不及、焉則益其不及。使適於中。砂不足、當培則培、截長補短、損益下。莫不相其陰陽、動靜、高低、強弱、而已矣。是以牆垣土堆、可以知吉凶。護身則吉、碍堂則凶。竹籬松柏、可以察災祥。在[illegible]、方。障隔、則衰。煞。木遮斷則盛。故善者盡其當然、而不害其自然。吳景鸞扦徽州城造樓以制边兒傳伯通自扦其祖、於出使馬繫處用宋匱之作記以付子孫、曰、他日有出使外国而不歸者、於此繫則歸矣、如將軍仗劍形。於劍面排九星。而夫人發九癭。范香溪、祖坟案山造塔、工方成而九子登科。豐城折角。蜈公。墻成龍角而湖范大發。古仙作用。固舉不勝舉也。不善者。泥乎自然。而不知其所以然。曾見以名公自許者。連自然亦不知何能知其所以然與其始也。不過目力之巧。工力之具。其終也。改天命。奪神功。所人與天無間矣。

作堆之法有三。大塋堆。小塋堆。薄塋堆。而又有隱山不樹之訣。俱能關乎禍福。穴場寬平。陽多陰少。窩深低窪。俱用重塋厚壘。太極堆。穴情緊小。陽少陰多。如唧珠坐。蝦眼坐。燕窠坐。旋螺坐之類。用小塋堆。或陰氣凝重。陽氣

不舒則薄封以開陽或穴畧低護畧高則薄
塋以溺藏隱也者不立塋兆或因山成墳不
識者不立墓碣不作向方此等作用一或少
差能令真穴不發三法之用有五金堆員如
饅首或頭員脚聳火堆三角若斧形即馬鬣
封也木堆頭員身直形似賊蚕土堆腦平身
方勢似平臺水堆腦員身曲疊為數级高似
塔堆低若席帽而更有浴瓜無堆之宜浴瓜

着眼

着、略作薄堆。無堆着、竟不用堆。但當分辨吉凶。如土星結作。堆木堆。則凶。金水二。堆則吉。蓋法有培龍補虎。全無着宜補。本有而低者宜培。或雕出龍虎。雖有而不明現者、宜雕出、功效極速。一培一雕。發福最快。理宜穿財就福。則左右財祿砂祿。穴前而倒。水或開取財福應驗。若補。能攔、能聚。發財更速。慮傾瀉。高築案山。則氣收水收。憂陡峻。寬砌拜堂。則聚。

細看

補局補是能轉禍為福二法極妙亦易學且
應驗不爽砂脚飛揚引壘深入如寨中坐窩、
內隱之類則見凹頭轉面而環顧蓋穴中不
見飛揚之脚止見砂頭之顧此收砂秘妙也
水流散亂移向平窪低平窪水聚處、則見瀦
蓄澄凝而留情是可移凶作吉二法百試百
驗墳上草木茂盛而榮華隔斷凶神、忽然摧
折禍立見放進凶神、吉星之方、有林木隔斷、亦減福、穴前墻垣閉塞而貧賤。隔斷好水、偶爾頹壞福運門。有貧賤時、在此山葬而興。富貴時、在此山葬而敗者、有葬此山、前數十年不發、一旦人事地運齊來。現出好水旺丁。財現出好砂。發富貴。貧賤是此人。富貴亦是此人。俗術不曉得。即發福。自思亦解不得。余嘗以謂有生同具。誰強誰弱。其富者膺天地之富氣。家無立錐。必堆金。貴者膺天地之貴氣。

不專詩書終為官。貧賤者膺天地之貧氣哉
氣。托生朱門難免餓莩。名登仕籍卒為城旦。
皆由氣感而應。郭子曰。本骸得氣遺體受蔭。
其理顯然。江轉河旋可識盛衰。石立池現亦
徵災祥。黃河汪西北。而冀州之域。堯舜禹三
代聖人立極。唐宋漸徙而南。直走淮泗。明代
祖陵鍾於中都。大業起於徐楊。位在淮泗之
間。天下之大氣運且隨乎水。況愚賤塚宅。水

料訣

之來去。不紊重平。又如洛陽花石。何太關係。元史占之。知花石不去。宋室之旺氣猶存。及一旦移去。而航海之舟遂覆。此人家坟宅旁近一池一石。所必相其宜忌。而用之神。迎則煞避。化煞亦可爲神。神官變則鬼見。變鬼亦能作官。此作法總訣。亦提誥要。當相穴。陰陽認穴星。體看穴龍。虎辨穴用。神勿傷殘。勿閉塞。以得作用之神機耳。

穴卷終

以下俱要細看

# 地理精語三卷

一句有本氏著

## 論砂

一句子曰看砂之法以形體性情理氣辨之而已三者之外則無遺蘊知形體而不知性情則止知有方員直曲尖五體大小高低四象海內形家書如是如是而不知其顛面背流注偏倚處亟要從此細細認

清、知性情而不知理數、又止知有顏面自光。而不知其為福為禍應在何命何年到此神化仙乎仙乎、蓋知理數而不講究形體性情則理數無安放處屋裡先生講理數往往律居勝。一登山頂、便茫無所據。總屬虛談。知形體性情而不辨理數、則不知禍福。吉。凶。所。由。旄。余嘗謂講理數、難而易識性情、易而難。理氣知得竅。一語兩語便了。

性情看得透、千言萬言難盡。言形體者、諸地書可謂纖悉畢繪。毋庸贅語。如廖賴撥砂歌、楊曾砂圖、葬書。所宜考對、講理氣者。青囊、疑龍、撼龍、天玉、玉函、葬書、略發其凡。妙義究秘而未洩。今亦不敢指破。理數之說不一。有從白黑碧綠黃白赤白紫九疇者。有從貪巨祿文廉武破輔弼九星者。有從才官父子兄者。有從生旺奴煞洩者。皆具大本領。大學問。君曉得河圖洛書本原。件件都用得應驗不差毫毛。不明先天後天精義。處處盡屬空言。與妙離去千里矣。獨悄情一端。諸書有全不一語談及者。有談及而未盡其詳者。茲編推欲補其缺漏、焉。夫砂形、不一。砂理、難言。砂情、宜知。砂藏、當宜龍真。砂隨穴真。砂衛水真。砂環朝真。砂。却。砂真則龍穴砂水、皆真。砂反。龍假。砂背穴虛砂飛水走砂遠風居砂假則龍穴水皆假隨衛環抱反背六字宜思飛遠兩字更宜思飛則有砂而不環抱無端潑之象遠則有砂而不能近有曠蕩之嫌水走風侵勢所必然蓋龍穴以得水藏風為上而風則以砂而止水則以砂而聚砂之時用大矣哉句句實語所最喜者端凝秀麗豐厚肥美員淨潤澤親切嫵媚一種威嚴

正大之氣若渴嘉賓拘門內一團佳冶婦娟之致宛親淑女於羅幃頭腳透露身體整齊手足收斂言笑紛披精神瀟灑丰玫流麗面高顏開情向意趨凡此吉體百福駢臻

此段認砂入微識形及髓所最忌者

反背倚斜躥踞瘦削低遠空凹巉岩醜惡破面環體墜手反腳顏色不開情意不合身體走竄頭顱糊濁形渙氣散神沒鬼躍凡

此山勢偏蔽相若結出一段惡砂形容顛
罔累背即畫家餙色亦不到此在四山疊
疊之山谷則看貼近穴場之山為準餘外
俱作空曠山谷看法在一望茫茫之平陽
亦察環抱境面少護為的空遠亦屬無用
平洋看法或田岸高起或洲渚擁護高起
擁護處即生福處或微墩微阜隙夾或高
壘太壘拱照平地得此發福最快六向補

# 浮

米言

足平洋看法在切近處略高一尺即示動機為吉凶悔吝所生吉凶悔吝生乎動畧低半步即作空論而喜怒哀樂皆空低穴半步便無用然必有一葉從天外飛來自水低浮起案上文筆形諸頭身現出幛下貴人旗馬層次分明頭身現出妙在身字身不現而頭現者非層次分明妙在明字雖有層次而不明者亦非層外觀之十里

云遷穴中見之咫尺不遠亦宜消詳不可忽略蓋遠照亦有要緊的此看遠砂法

又有一等慗整隨起平平聯衛局外看来在身穴中細推無味是為補缺填空何用照情掛意蓋近處有閒空砂此二段一在遠砂有用一在近砂無用正宜理會不可草草蓋大富大貴有驗於體大力厚之區巒小發小興應在平氣薄形低之壠阜看

大砂看小砂法。然極平處有低薄。貴推發福亦大。出身長遠。到穴垂頭。是為特朝真。朝看長砂法。最高者長遠垂頭。砂長遠則力大而悠久。垂頭則情真而發速。不拘前後左右。此砂極吉。起頂短近。衛局緊嚴。即號貴福氣祿。看短砂法。衛局緊嚴。凡砂皆喜背作峭拔雄奇之勢。面具溫柔和樂之情。寓高於低也。獸雖低而官則極高。看砂背砂面法內有誠一不貳之意外盡張牙舞爪之形收散爲聚也氣既散而福亦能聚看砂內砂外法、此砂極難得不知者反謂內暗外肆非眞穴俗書可笑左看正而右看斜即知左穴饒而右穴敗看砂左右法、靠砂點穴亦似據水立向近看好而遠看醜則知近墳富而遠墳貧看砂遠近法有遠看淸而近看濁者亦然砂之

現。光。有。意。不寓意。處。其光必。不。欲。現。砂之
護穴。有。情。不留情。處。其。穴決。不。得。護。看砂
現光護穴法。如此講得着實、頭、照准而腳
走竄。而潰腴而躬臃腫。登高。藏。精。則收其。
秀。看砂頭、砂腳、用砂身、砂面法、全骨骼剛硬。精
光獨露半面。渾身蠻皮。生動止得一間。尋
隱。倒。杖。以。會。其。徵。看砂半、面一隅。以點穴
法、四山開。顧、其中。必有。真。穴。諸峯。會。聚。此

以上数張論砂。俱要細心體會。

内定藏好龍以下俱繞砂肩看陡健明顯分別貼聯映帶之形委迤卑靡細辨擬動突拔之勢正正奇奇總在高人心目變變化化還賴善學究窮不然好峯攢列撑天地何刻収藏在篋笥時術不明情與性相逢莫曉姓和字此篇撥盡矇中翳體會功深久自知法眼從来有法看仙机要必遇仙師。

蟬翼砂

乃砂之最輕薄。緊隔穴腦。以分界水者。如蟬之翼。薄貼腹旁。微微茫茫。近看則有。遠看則無。乳突之穴。無此以蔽於後。則其氣寒。

牛角砂

乃砂之略明略現。貼近穴辰。以合界水者。如牛之角。彎抱環護。近看員潤。遠看清楚。鉗之穴。無牛角以抱於下。則其氣散。

牛角砂內之水。名金魚水。凡魚嘘水。口入而腮出。惟金魚由腮入自口出。穴內乳汁水。合於葬口下。似之。下有合水。則不慮割腳。割腳者。下無合水也。

蟬翼砂內之水。名蠏眼水。天下之物。惟蠏頷濶而微髙。眼且低陷。低則有微分之勢。而化生腦下。微茫分水。似之。其隨蟬翼之外流水。名蝦鬚水。多在蟬翼砂外。蟬翼砂內、亦有之。蓋蝦之竪威張勢獨恃其鬚。而微水隨砂入挟金魚腮。猶蝦之鬚。緊對合抱。兩線分流之水。似之。穴上有分水。則不憂淋頭。上無分水、謂之淋頭。

此二砂三水。書多有之。然止能道其名字。未嘗究其精義。確在何處。此編切實指出。蓋言砂不可遺水。有相為表裡之義。故并詳於此。

龍虎砂

最喜逆關以水去遶迎上收水水來遶順下蓋氣收水砂、發富蓋氣砂、發貴二砂俱重但青龍收水要龍勝虎白虎收水要虎勝龍以水去處管丁財故也總要緊抱而不逼迫蹙要緊得好看若緊得死相不開面目出人頑昧、器量窄狹逼迫則見嫉主御尸、惟緊而能抱迴而不逼發福極大且速又宜運動而不

# 着眼



排擠主墳盛旺龍虎盤旋包裹謂之運動本身單薄、龍居展勢長大、謂之排擠、馴服鸞抱更誇秉仙生角現珠臚高不壓穴、低不露風、曰馴形止不動、情止不去、曰服形如牛角、曰鸞拱穴護胎、曰抱龍居身上有貴人峯、曰乘仙有尖峯豎立、曰生角龍口含推、曰珠虎身帶堆、曰臚低缺濶遠尤嫌出煞帶劍壞皮鱗龍虎低矮、則穴受風吹、有缺凹、則外氣吹入、

# 着眼

空濶不照往、則穴孤遠、列不衛身、則穴寒。此煞謂朝煞亂局、帶劍、謂利刃逼身、壞皮鱗、如面前遇崩破。頭上有洪路。乱石現、碩骸直硬。露死相、凡此皆是有龍虎而不爲穴用之病、横過作案。須防椎胸拭淚。龍虎作案、須要另有起止、眼弓一字、痔帽三台、皆吉、坐穴要在中正、若欲過不過、作舉袂拭淚狀、或捀拳狀、皆大凶、若無起止、或龍抱過虎、虎抱過龍、止

青烏

一本作齊局

可謂之紐會交互包裹。不可謂之案山。監立為朝。正宜納（開）頭顧。龍虎身上、生監立納頭砂作朝、當代即發、以其出本身骨肉一家也、

案山

如席簾羅列於前。伸手可摸。近身可憑。高應齊眉。低不過心。似眠弓、鸞抱、若玉几、端平。案山、方員平直、不一、其體、總不出齊抱端平四字。更得文筆、金印、誥軸、牙笏。排列於上。凡案

上應有之物俱好撓報玉階天梯鵞元呈奇於前。凡案外應有之事、俱好但只消一件兩件、不宜亂雜既能關蓄內局生氣元辰。關蓄便能快發、又不隔斷外洋秀水。若遇惡山惡水、一案能遮百煞、是為全吉。內氣既收、又不隔障外氣、若一案橫攔書臺外洋。形勢方員。局勢平正。為力亦重。發福最速。方員平正四字、精妙大約順水、喜遮案橫水、亦喜遮案

釋訣

據水局○張山食水局○則不喜案○以其阻隔來水也○喜字極下得妥貼、蓋喜之爲言、如是則喜、非謂其必欲如是也、然逆水局○面前浩蕩雄長○有案關收○則無沖動內氣之弊○若源流短小、又不宜、順水局○堂內瀦蓄澄凝○無案遮阻○却有包樆外氣之祥○若陡斜傾瀉、切宜忌用補築、

砂

朝砂

朝是當面特來之山。辭樓下殿。遠遠迢迢。走到眞究面前。納頭開顔。如諸侯朝覲聖王。賢士謁見大賓。經云、朝山亦自有眞假。若是眞時特來也。又尖山秀出。只消一峯兩峯。卜氏云、當求特異之朝山。合山觀之、知朝山之不宜亂雜也。俗術專喜尖員乃如畫。究無用處、細驗發福舊墳、方知古人之不我欺也、

## 迎砂

迎是兩旁擺列之山。形勢向穴。俯伏如拱揖。仰望似瞻眸。神情爽逸。目光炯炯。不敢攙前。不敢挨後。屏氣有容。端肅侯命。在朝山兩邊。俗書、迎、衛、侍、三砂、總講向迎、龍、侍、龍、衛、龍而不知從穴中分別、此獨切實指點、情狀宛然、認得真的、入用有憑、

## 侍砂

侍是在穴兩邊。近身直立豎起之山。森森竹

立。默默端拱。八字總出侍砂貞而自似親近之臣。若親隨之丁。更透闊宜嫩宜秀。宜文雅。宜肥美、較衛砂更親近一步。迎在朝旁、侍在穴邊。中間則主頂也、

## 衛砂

衛是侍外橫輔。圍團包裹之山。侍近衛遠。侍似親信文臣。衛似扞命武將其護宂。如守堂守門之吏。關城關垣之兵。或遮斷惡山不見。

面。或兩斷鮮水不入堂。或填空。或補缺。使賊
風不入。使真氣常聚。不嫌粗大。其威嚴猛厲。
所以禁禦非常。陰陽二宅、全在此四砂、成格
成局、真知此道者、方知四砂之妙用也、亦惟
真知此道者、方賞此四論之可以不朽也、其
藏諸名山、壽諸石室、以為世寶與、
朝迎、侍衛、四砂。關係最大最重。龍穴之真
假。於此對証。富貴貧賤。於此分別。壽夭窮

通生死興替發福年命見禍歲月日時以及力量大小輕重俱於此察識

## 樂山

乃穴後樂背之山古人謂之樂山以喜好解之夫喜好之山當置面前俾立穴背則樂字文義更妥但俗術遇轉面張朝之穴以及閃乳側腦沒骨凹腦坐穴後空每以後少樂山為嫌往往失却真穴而不知楊公寶照經中

天下軍州總住空。何須撑着後頭龍。龍若空時氣不空。龍不空時非活龍。帝宮帝殿後當空。後若空時必有功等語。已經大聲疾呼。反覆開示。蓋山龍止論脈來。平洋惟據氣結。空則脈濶而氣來。融結實則隱藏而生氣阻隔也。此兩句宜仔細。若坐空臨殺。亦又不可也。慎之慎之。今人即不知竅妙。將楊公寶照亦不樓於目耶。

射探冲破壓反斷走八凶砂

射是一箭直向穴。探是斜山略露頭。冲是橫來插穴前。破是浪痕直透頂。壓是穴前砂崛起。反是曲身去向朝。斷是腦下生橫痕。走是斜身順水飛。

射是當面直來之砂。冲是兩旁橫插之砂。直射砂、應避。橫插砂、止忌隨水順飛。若逆水則吉。探砂之凶、在斜字略字。略露斜頭。

似窃盜之窺主人。若大露頭面而端正，則是衛砂，正能為穴用神。凡砂總忌破面向穴，況直透其頂，凶可知矣。墳宅好砂，忽遇崩破，或取土傷體，開路破面，其禍立見。在穴前崛起之砂為壓，亦以欹斜醜惡為凶。若豐滿員淨，愈壓愈好，發福更快更大。惟曲身向朝之砂，與斜身順飛，有凶無吉。而斷砂斷至平地，更能起頂員淨，亦有吉處。

或在朝山。則為謝恩須識。不可以斬首要
斷。或在左右於斷處。無凹風到穴。斷落之
山。形體豐滿。亦吉。有凹風到穴。即端凝員
淨。亦主改姓別族。或過房螟蛉。然後興發。
若不成星體。又遇凹風。縱然消納。難免殲
厲。此形勢所以最緊也。理氣消納。止消納
吉像。形勢原嘗得一大半工夫。俗術遇此
八刹。止云凶所當避。而未究精義。無確見

識。往往真穴失却。誠可歎惜。

低砂遠砂

世人言砂。亦知宜近而低。而不知近身砂雖不宜高大。亦要高穴一二丈。三四丈。方能衛區有力。若低穴一尺。穴即露風。雖際隔濟環。究屬無用。況低穴二三丈。則凶可知矣。有砂而低一病、俗術不知、世人言砂、又喜高秀而遠遍病、但遠秀則高大有勢。亦宜穴中見之。

親近貼切。方為穴用。若遠不能護穴。便孤寒。雖高大雄踞。尖員如畫。彼意別有所在。即用意收入我穴。使福蔭遠代。難救目前困窮。況不能收入。則凶又可知矣。有砂而遠一病、俗術不知。世人止知有砂。不知有砂而低而遠。與空曠同。此二病、非踏破千家墳。歷試有驗者、不知也。

官鬼禽曜砂、

官星乃案山背上之山。有曦拱現面二體。而現面之官。更貴。官星現面。丁財發。鬼星即穴後靠背之山。有橫直雙眠立單六體。而立起之鬼。直卧。立起鬼星宜高大端秀。忌倚斜離脫。禽星乃鎮塞水口之山。有鳥獸星象人物諸體。鳥如鷗鳩鳧雁之類。獸如獅象虎豹星象。如火羅北辰日月。人如華表木火。物如龜魚龍蛇。水口有此。概謂之禽。總以緊關地戶。

為真。若大孤艷潮方關門戶。以禽名之、亦既。曜星、乃大堂內。及龍虎肘外。辰牙鬚角之山。必精秀可愛方是曜。醜惡可憎、即是煞。不論擺折舞袖。或土或石在口為牙。在手為爪。在唇為案。在氊下為針。在中堂為交牙。在大堂為交仗。手內豎立者為笏。首長者、為劍。俱皆曜類。曜者、如星之光芒。人善用之則為衛刀。為大人操生殺之權。不善用之則為賊。刀為奸匪喪天艮之真。諸禽曜多是大龍生秀。旺氣餘洩。為大地証驗。但看大地。不必拘。拘。然。執。此。也。吾見地有禽曜。而出人卑賤者。無禽曜而鍾靈極品者。有官星透露而止發丁財。若眠體、丁財亦不驗、無鬼樂而偏結美地者。以其無障隔天空之氣。與地下之氣也。卷內意不欲收此四砂。然堪輿家爭為美談。特為辨別。

砂卷終

# 地理精語四卷

一勺有本氏著

## 論水

一勺子曰相水之法亦似相砂蓋水亦有形體有性情有理氣也理氣之說近来堪輿家似能講究水法間有應驗未可盡非但消納多門所云天下諸書對不同也獨形體性情兩端類多畧焉不察亦不知其

水法。形體性情理氣三者相須最為緊要。缺一不可。

最。關。利。害。造福。造禍。至速。至快也。講求其而不精察形體性情、則應驗不的、三者須缺一不可、或曰砂中形勢體態。性格情意。在人耳目。似易見亦易言也。若夫水總一水耳。其形體性情。蓋難言也。曰是不難。有水必有堂。水無形體。以堂為形體。水無性情。以堂為性情。堂方則水從而方。堂員、則水從而員。明鏡照人。其妍媸在人。不在是穴頂、非龍頂、真穴頂、上必有分水。唇下必有合水、便會於穴前之小明堂、此堂此水關係甚大、凡地之此水皆不虛假。緊暖舒幽淺。五字真訣。

鏡。止水在堂。其善惡在堂。不在水。水中看巒頭、看顏面、總在堂中看出、如上尖有分水。唇下有合水。俱會於穴前之小明堂。此堂此水、關係甚大、穴之真假於此知、地之有無於此辨、小明堂看五字真訣。緊暖舒幽淺。此五字、言盡小明堂吉象、反是則凶實、從百試百驗中體認真確、過來傳此五字、為天下孝子仁人。安先福後。準則。堂緊總心領畧。自知其妙。

則水必融聚。堂煖則水不散亂。小水滙處要舒暢。則陽開而少陰煞。緊煖內、又喜陽開、真水注處。宜幽深而不顯露。開陽內、仍要含蘊。卜氏曰、精神顯露者、多不祥、形勢隱拙者、多厚福、正董仙披尋幽靜處、扦藏之訣、堂深則水落坑陷。淺則易入唇口。此即迎財就祿。此五字乃明堂內至精至微之妙訣。說破來、却極平常。中庸所以為龍來有合水、龍止有合水、俱會於中明堂、方圓平正淨、五字真訣。

德傳地必要合此方能發。新地必要合此方是真。此堂方是真堂、山水乃屬真水、徒貪洋朝貪曠蕩者、一到此等美地、輒以局小目之。而不能於小中見大也。龍來有合水。龍止有合水、俱會於中明堂。此堂次於小堂。中明堂、有五字真訣、方圓、平正淨、此五字言盡中堂吉訣。堂方水方。方似棋盤。堂員水員。員如釜底。中間窩藏更妙。堂

小明堂中明堂
合際腰舒幽
淺又合方員平
正淨十訣自然
有地自然發福

平水平平如片紙。堂正水正。正如坐席。穴當中正。堂淨水淨。淨字要合方員平正。四字講。堂內無走竄之砂。醜惡之石。穿割沖射之煞。則淨字之義得矣。然有穴前際煖止一小堂。而無中堂者。亦必兼合此五字。小堂中堂。合際煖舒幽淺五訣。又合方員平正淨五訣。自然有地自然發福。又小明堂中明堂外。又有大明堂者。所謂三陽具所要緊者小明堂。以蓄乳汁以聚辰此下宜細看。

倘但大堂可有可無中堂有之亦好無之不拘所要緊者小明堂以蓄乳汁以聚元辰有一案横攔而四水暗拱者有小水順出大水逆潮者此水好救貧有秥下止田一坵餘外田墈層層高起者此水快發財有堂中此塘一口清瑩澄澈者此水滙注發財大而久若遇偏堂則水偏在一邊不正了斜堂則水斜在一處方亦不佳堂喜

端凝顧穴或邊高邊低則名之曰捲簾水有左捲簾右捲簾中捲簾之名地左右捲簾難救惟中捲簾高築案砂則二三兩房最好堂宜灣抱拱身若突拗反背則號曰反而水有左反弓右反弓中反弓之號返弓多不救亦要觀出口進堂消納何如穴前峻急堂中傾瀉謂之陡則水難比算矣龍穴真的補貼唇築案山堂出堆阜穴氣

閉塞謂之窒則水亂亂散矣應在隨胎盡一眼。抱養異姓善為消詳。亦有吉徵此堂之形。體亦即水之形體也然水之性情不能見。即於堂見之凡水來團聚去要緊簇橫灣抱迎要朝拜團聚灣抱緊簇朝拜此水之真性情遠不欲小遠而小其力淺近不欲割近水衝城腳與入口入懷不同入口者有唇有毯穴能承受入懷者一屈一曲

對不欲斜大不欲蕩高不欲撲低不欲順靜不欲動衆不欲分要細會總要合得澄凝悠揚放光照一面等句情意



穴堪涵容割脚者有飄蕩激流之勢無滑要容納之致對不欲斜對面水斜形不吉大不欲蕩大而蕩恐其冲激散漫高不欲撲水高穴低嫌撲面低不欲順穴高水低懸傾瀉靜不欲動衆不欲分瀦蓄澄凝悠揚清徹灩瀲放光明照臨面左右切近中心窩聚洋洋入口層層抱懷此水之性情亦即堂之性情也人胡不移看巒頭之法

# 看水

金魚蝦鬚蟹眼水

此三水最要緊皆乾流水界脈收氣者喜彎抱平聚忌急流傾瀉最關利害也解見三卷牛角蟬翼砂內

元辰水

龍虎之内穴前合襟水乃本身精血不拘乾流濕流總忌走瀉合聚緊緩舒幽淺方員平正

淨、十字。譬人身元氣。點滴不可洩也。經云、惜水。如惜血。避風。似避賊。重其際。由口中。若貪洋洋大水。無此一滴真原。總屬虛假。

眠弓水　腰帶水

眠弓者、以水過穴而灣抱面前也。腰帶者、以其遠抱於左右腰間也。二者、皆與穴相向相戀。有情有意。最吉。

之字水　元字水

水流而大折大轉者為之曲谷屈者為元〇〇
其形恰肖兩字〇但當細細分辨〇無窮破黨氣〇
無走竄劫煞〇方是吉體〇不然寧取平平正也〇

入懷水　入口水

入懷者水聚懷中〇靜潔如盆〇光耀若鏡〇入口者水在口內〇嚥之可下〇吸之即入〇所謂水要嗑得着着〇此水發財最速〇

融瀦水

深水澄聚而不流。莫知其來去也。不拘左右面前見之。至巨富悠久。總要在穴眼見。方能管事快捷。

天心水

穴前明堂正中處也。卜氏曰、水聚天心。孰不知其富貴。若水當面、穿堂直出。謂之水破天心。主人丁稀少。又界水淋墓頭。亦名水破天心。主無子。

## 溢胸水

水勢囊聚穴前也。勢似聚面水。但彼以諸水團聚而言。此以一水聚來。自小而大。如囊聚物。

## 衛身水

如江河前後遶抱。穴在其中。泖海當心起墩。穴居其內。皆以水為護衛。但要坐在窩塲。風藏。氣聚。無飄蕩。之撓。力足。以。勝。水。為真。

蔭龍水

在龍背上。又名仰天湖。又名天漢水。又名應眞水。天池水。不拘高山平洋。龍身有湖池。皆是。其結作力量甚大。須四時水。注爲善。若忽然乾枯。禍敗立至。

注脉水

湖水注於穴前也。大龍形勢甚强。及到將盡未盡之間。有此注脉之水。四時不涸。卽眞氣融結。水后去砂。或復起爲案。爲官曜。必貴。

御街水

乃曰、水自朝山來。一級低一級。卽入懷來。經云惟有田朝勝海朝。又名倉板水。以平田層級復倉廒門板然。主巨富。

溪澗水、平田水、

真龍藏倖。有避寬曠而結幽靜處。或臨溪澗之內。必以屈曲環抱。聚注平緩。晶光照面。

請吾

為美。若直而太急。流而聲惡。嗆而洪深。皆為不吉。在得元之時。其禍稍減。若遇失元。刑害不小矣。溝洫水倣此。或臨平田。必平衷悠纏。不沖不射。不割不穿。不帶凶煞。凡穴得之最吉。亦在有情。朝堂融聚為佳。

## 池塘水

以明瑩澄潔。位在吉方。為佳。原有者。不得妄塞。若鑿地開塘。亦須詳審要當龍脈。不宜傷

殘氣旺不宜阻隔此二向有殺若在凶方謂之照殺主少宜填塞

河海江湖水

此四水汪洋浩蕩大龍每多棲息其潮人多於此求穴不知此種大水極宜消詳消詳太福力亦大不能消納其禍亦大蓋真穴自然窩藏窩藏則無飄蕩必有氈唇有唇有氈則不犯射割有內局有內局則无展緊聚真氣

融聚。方能承當此水。收為穴用。不然、吾恐其
四顧茫茫。氣隨水散、受害不淺矣、

上皆吉。水宜潮納。下皆凶水。即潮納亦
不吉。

沮洳水

乃山龍氣衰脈散。如人受病。氣不通。而血妄
行。非冷泉窟穴。而漏過山漏過地。常濕。視之不見
有水。戳之而雖層皆濕者。是也。

臭穢水

牛泖猪滌音潜腐臭成泥淤黄濁濃滯攪動腥穢氣不可聞陰陽二宅皆忌

泥淤水

本乾濕地得雨則盈雨霽則涸望之似可揚塵踐之或至滅脛滋滋没漬常有泥淤此乃不豬之地脉氣疎漏所致

潑面水

細看地變化之抄

水高穴低。水雄強。穴卑弱。不能容受。有潑面之患。一名箭面水。一曰裹頭水。若低窩起突。穴在突心上。得此水。反大吉。

暗耗水

穴高水低。不入喉。人立穴上。只見勘岸高起。水身低陷。止空溝一條。如纏如線者。是也。若水神瀲灩。放光遍照。穴場。則又發福。發在放光遍照四字。

割脚水

穴無餘氣而水衝城脚。主貧絕。蓋係高之穴。即無毡唇。不在此論。又穴下無合水。亦謂割脚。

淋頭水

穴上無分水。出界水淋墓頭。極凶。

衝胸水

急流直衝入懷。雖特朝專向有情。必主刑傷

陶公曰。當面朝入。子息貧寒者是也。直冲入懷之水不忌。忌在急流兩字。若悠揚則發福矣。究當溪澗。無平田。多犯此病。

射肘水

水就急直。四字大忌。恰當腰間。凡水貴澄凝灣環故也。

牽鼻水

元辰當面斜牽而出。一往無攔。謂之牽動土

牛。

漏槽水

穴下深槽直傾也。不論乾流田源。主退敗極速。若真龍結穴。與漏槽相似。但真穴有唇。毡。兜。起。

漏腮水

兩旁泉竇。精冷長流。或一邊泉流亦是。乃漏氣之龍。主退敗痔漏。此與真窟水澄潔不流。

甘美而不冷冽有異

分流水

穴前無掌心小堂水無合襟似八字分流雖騎龍真穴遇此亦主初年不利賦云八字水流、兒孫忤逆、

穿肘臂水

穴之左右被水穿洗或坎坑路陷背凶主孤寡自縊圖賴

以上諸水皆取穴上眼見者他若暗拱之水及諸般泉窖概不收錄雖影曜轉曜即關禍福應驗既淹亦不言及以下五局收水熟悉此意不煩言而自解矣

## 逆水局

天理宜順地理宜逆一逆字乃理氣元關貫從易逆數也逆字得來一字亦必有本況大竅大訣乎是以龍穴砂水件件喜逆也龍逆

則力厚。砂逆則力勁。水逆則朝。注穴逆則聚。真。因而古來地仙亦皆善逆。使古今仙師。不善逆。何以為人葬造。必逆數其將來乎。不逆亦不能成地仙、吾思知來之神。本於河洛。而洛書之數。則主逆尅。知此處頭頭是道、故地理一道。非明逆數則不得也。是以論局先取逆局。以龍逆。則得水。砂逆可藏風。千言萬語。總以得水藏風為主。俗言風水。信然。其翻身當朝。即山水交會。且收本山發源之水。並脉一。家。而有。融。結。地法原委、於此篇述明、在當面遇河。海。江。湖。穴。高。打。蓋仰高穴。不怕大水特朝。穴打低處。必得穩。厚。局。平。方不割蕩。須有一小小內局。承接之水。大要到口。有內局。方能承接。不爾、即犯穴高水低。不入喉之病、又有單弱穴場。得兩邊土埄圍抱。遮斷大水。止面前見其朝來。聚入堂中。福力更大。其

着眼

釋詩

大坂田洋朝。亦必穴場緊煖。以收拾之。又有田十多坵朝來者。四五坵朝來者。三二坵朝來者。合方員平正淨五字。俱好。甚或止有面前一坵。餘外即高堋過眉。四圍遠抱。穴居低窩突頂。福力綿遠。總以悠揚清潔。瑩澈澄凝為吉。河海大水、洋朝大坂、多有此吉。以急流直冲。穿割箭射。為凶。溪澗小水、窮源細塹、多有此凶、以曠蕩散亂為凶。湖海大坂、多有此。

# 細看

此以平正隙小為吉。平田小源多有此吉、

## 横水局

横龍結穴水自左來右去右來左去總要水口緊密下關有山遮攔住水來宜長水去宜短不拘大江小溪田源以灣抱為貴水宜抱灣穴宜聚窩若徑直過堂則不吉

## 據水局

龍之結穴前臨大湖大海沉江深潭以及巨

## 着眼

久言

塘廣池匯溪靈泉壅注平靜不見流動再得下手高起大砂雄據一方將水收蓄懷中地以得水為上有下關便能藏風水以凝靜為佳此局主大富綿遠然要立在穴中無曠蕩之嫌

### 順水局

穴前元辰隨明堂之水俱去也天机云第一莫下去水地立見退家計然古来名術亦有

着眼

細心記之。

取用者。以其龍真穴的。砂勢關收交固截鎖。
水不流泥。又或小勢雖順。大勢則逆。非一向
直去者。若小勢既去。大勢又順。蕩然直去。砂
無回抱交鎖。謂之流泥。兩全決。無融結。大抵
去水地發福遲。蓋穴前兩砂緊闢交不鎖抱。
穴又低藏。不見水去。亦自速發。如無交鎖之
砂。切要近案橫攔截斷。以收其氣。如兩砂不
收。前案不關。砂水俱順。必主敗絕。看定龍真

青語

細看作用之妙

砂的穴確。用人工高築案山。能令速發。所謂天地無全功。藉人力以補之。又有海濱之地。不以順局為嫌。雖砂水俱去。無案攔收。亦結美地。蓋以水面平靜。不見流走。且潮頭湧起。又屏來水。亦見宇宙奇變。不窮。未可執一而論也。大地山河。正正奇奇。變變化化。俱不可執一而論也。卜氏曰。貫通活法。真泥陳言。誠自見於泥陳言者之未能通變也。

無水局

高山穴平坡穴多無汪洋之水以其山勢盤聚不見流水必有小明堂四圍環繞有掌心窩將本山乾流元局水聚入點滴不使走漏主巨富巨富在水團聚貴賤以山盤繞前無掌心四山瘦削低小必主貪賤或四山高昂聳照穴前無掌心窩亦主初年貧寒凡得水為上之水不獨汪洋流動之水為真妙

宜着眼切宜
細心記之

米言

於兩股元辰緊在口中蔭注池塲猶精液
不洩氣血不走漏自然康建有壽故雖無
水而穴前掌心即水也此一滴真原即為發
富發貴根本矣

水卷終

# 楊公挨星奧語

坤壬乙、巨门從頭出。艮丙辛、位位是破軍。
巽辰亥、盡是武曲位。甲癸申、貪狼一路行。
子未卯、一三祿存倒。乾戌巳、文曲共廉次。
寅庚丁、一例作輔星。午酉丑、右弼七八九。

| | | | |
|---|---|---|---|
| **占筮類** | | | |
| 1 | 擲地金聲搜精秘訣 | 心一堂編 | 沈氏研易樓藏稀見易占秘鈔本 |
| 2 | 卜易拆字秘傳百日通 | 心一堂編 | |
| 3 | 易占陽宅六十四卦秘斷 | 心一堂編 | 火珠林占陽宅風水秘鈔本 |
| **星命類** | | | |
| 4 | 斗數宣微 | 【民國】王裁珊 | 民初最重要斗數著述之一；未刪改本 |
| 5 | 斗數觀測錄 | 【民國】王裁珊 | 失傳民初斗數重要著作 |
| 6 | 《地星會源》《斗數綱要》合刊 | 心一堂編 | 失傳的第三種飛星斗數 |
| 7 | 《斗數秘鈔》《紫微斗數之捷徑》合刊 | 心一堂編 | 珍稀「紫微斗數」舊鈔秘本 |
| 8 | 斗數演例 | 心一堂編 | |
| 9 | 紫微斗數全書（清初刻原本） | 題【宋】陳希夷 | 斗數全書本來面目；有別於錯誤極多的坊本 |
| 10－12 | 鐵板神數（清刻足本）——附秘鈔密碼表 | 題【宋】邵雍 | 無錯漏原版　秘鈔密碼表　首次公開！ |
| 13－15 | 蠢子數纏度 | 題【宋】邵雍 | 蠢子數連密碼表　打破數百年秘傳　首次公開！ |
| 16－19 | 皇極數 | 題【宋】邵雍 | 清鈔孤本附起例及完整密碼表　研究神數必讀！ |
| 20－21 | 邵夫子先天神數 | 題【宋】邵雍 | 附手鈔密碼表　研究神數必讀！ |
| 22 | 八刻分經定數（密碼表） | 題【宋】邵雍 | 皇極數另一版本；附手鈔密碼表 |
| 23 | 新命理探原 | 【民國】袁樹珊 | 子平命理必讀教科書！ |
| 24－25 | 袁氏命譜 | 【民國】袁樹珊 | |
| 26 | 韋氏命學講義 | 【民國】韋千里 | 民初二大命理家南袁北韋 |
| 27 | 千里命稿 | 【民國】韋千里 | 北韋之命理經典 |
| 28 | 精選命理約言 | 【民國】韋千里 | |
| 29 | 滴天髓闡微——附李雨田命理初學捷徑 | 【民國】袁樹珊、李雨田 | 命理經典未刪改足本 |
| 30 | 段氏白話命學綱要 | 【民國】段方 | 民初命理經典最淺白易懂 |
| 31 | 命理用神精華 | 【民國】王心田 | 學命理者之寶鏡 |

| | | | |
|---|---|---|---|
| 32 | 命學探驪集 | 【民國】張巢雲 | 發前人所未發<br>稀見民初子平命理著作 |
| 33 | 澹園命談 | 【民國】高澹園 | |
| 34 | 算命一讀通——鴻福齊天 | 【民國】不空居士、覺先居士合纂 | |
| 35 | 子平玄理 | 【民國】施惕君 | |
| 36 | 星命風水秘傳百日通 | 心一堂編 | |
| 37 | 命理大四字金前定 | 題【晉】鬼谷子王詡 | 源自元代算命術 |
| 38 | 命理斷語義理源深 | 心一堂編 | 稀見清代批命斷語及活套 |
| 39-40 | 文武星案 | 【明】陸位 | 失傳四百年《張果星宗》姊妹篇<br>千多星盤命例　研究命學必備 |
| **相術類** | | | |
| 41 | 新相人學講義 | 【民國】楊叔和 | 失傳民初白話文相術書 |
| 42 | 手相學淺說 | 【民國】黃龍 | 民初中西結合手相學經典 |
| 43 | 大清相法 | 心一堂編 | 重現失傳經典相書 |
| 44 | 相法易知 | 心一堂編 | |
| 45 | 相法秘傳百日通 | 心一堂編 | |
| **堪輿類** | | | |
| 46 | 靈城精義箋 | 【清】沈竹礽 | |
| 47 | 地理辨正抉要 | 【清】沈竹礽 | |
| 48 | 《玄空古義四種通釋》《地理疑義答問》合刊 | 沈瓞民 | 沈氏玄空遺珍<br>玄空風水必讀 |
| 49 | 《沈氏玄空吹虀室雜存》《玄空捷訣》合刊 | 【民國】申聽禪 | |
| 50 | 漢鏡齋堪輿小識 | 【民國】查國珍、沈瓞民 | |
| 51 | 堪輿一覽 | 【清】孫竹田 | 失傳已久的無常派玄空經典 |
| 52 | 章仲山挨星秘訣（修定版） | 【清】章仲山 | 章仲山無常派玄空珍秘<br>門內秘本首次公開 |
| 53 | 臨穴指南 | 【清】章仲山 | |
| 54 | 章仲山宅案附無常派玄空秘要 | 心一堂編 | 沈竹礽等大師尋覓一生未得之珍本！ |
| 55 | 地理辨正補 | 【清】朱小鶴 | 玄空六派蘇州派代表作 |
| 56 | 陽宅覺元氏新書 | 【清】元祝垚 | 簡易・有效・神驗之玄空陽宅法 |
| 57 | 地學鐵骨秘　附　吳師青藏命理大易數 | 【民國】吳師青 | 釋玄空廣東派地學之秘 |
| 58-61 | 四秘全書十二種（清刻原本） | 【清】尹一勺 | 玄空湘楚派經典本來面目<br>有別於錯誤極多的坊本 |

| | | | |
|---|---|---|---|
| 62 | 地理辨正補註　附 元空秘旨　天元五歌　玄空精髓　心法秘訣等數種合刊 | 【民國】胡仲言 | 貫通易理、巒頭、三元、三合、天星、中醫 |
| 63 | 地理辨正自解 | 【清】李思白 | 公開玄空家「分率尺、工部尺、量天尺」之秘 |
| 64 | 許氏地理辨正釋義 | 【民國】許錦灝 | 民國易學名家黃元炳力薦 |
| 65 | 地理辨正天玉經內傳要訣圖解 | 【清】程懷榮 | 秘訣一語道破，圖文并茂 |
| 66 | 謝氏地理書 | 【民國】謝復 | 玄空體用兼備、深入淺出 |
| 67 | 論山水元運易理斷驗、三元氣運說附紫白訣等五種合刊 | 【宋】吳景鸞等 | 失傳古本《玄空秘旨》《紫白訣》 |
| 68 | 星卦奧義圖訣 | 【清】施安仁 | 三元玄空門內秘笈　清鈔孤本<br>過去均為必須守秘不能公開秘密<br>與今天流行飛星法不同 |
| 69 | 三元地學秘傳 | 【清】何文源 | |
| 70 | 三元玄空挨星四十八局圖說 | 心一堂編 | |
| 71 | 三元挨星秘訣仙傳 | 心一堂編 | |
| 72 | 三元地理正傳 | 心一堂編 | |
| 73 | 三元天心正運 | 心一堂編 | |
| 74 | 元空紫白陽宅秘旨 | 心一堂編 | |
| 75 | 玄空挨星秘圖　附 堪輿指迷 | 心一堂編 | |
| 76 | 姚氏地理辨正圖說　附 地理九星并挨星真訣全圖　秘傳河圖精義等數種合刊 | 【清】姚文田等 | 蓮池心法　玄空六法<br>門內秘鈔本首次公開 |
| 77 | 元空法鑑批點本——附 法鑑口授訣要、秘傳玄空三鑑奧義匯鈔　合刊 | 【清】曾懷玉等 | |
| 78 | 元空法鑑心法 | 【清】曾懷玉等 | |
| 79 | 蔣徒傳天玉經補註 | 【清】項木林、曾懷玉 | |
| 80 | 地理學新義 | 【民國】俞仁宇撰 | 揭開連城派風水之秘 |
| 81 | 地理辨正揭隱（足本）　附連城派秘鈔口訣 | 【民國】王邈達 | |
| 82 | 趙連城傳地理秘訣附雪庵和尚字字金 | 【明】趙連城 | |
| 83 | 趙連城秘傳楊公地理真訣 | 【明】趙連城 | |
| 84 | 地理法門全書 | 仗溪子、芝罘子 | 巒頭風水，內容簡核、深入淺出 |
| 85 | 地理方外別傳 | 【清】熙齋上人 | 巒頭形勢、「望氣」「鑑神」 |
| 86 | 地理輯要 | 【清】余鵬 | 集地理經典之精要 |
| 87 | 地理秘珍 | 【清】錫九氏 | 巒頭、三合天星，圖文並茂 |
| 88 | 《羅經舉要》附《附三合天機秘訣》 | 【清】賈長吉 | 清鈔孤本羅經、三合訣法圖解 |
| 89-90 | 嚴陵張九儀增釋地理琢玉斧巒 | 【清】張九儀 | 清初三合風水名家張九儀經典清刻原本！ |